Der Schutz des Urheberrechtes im deutschen Rundfunk

Inaugural-Dissertation
der juristischen Fakultät
der Friedrich-Alexander-Universität zu Erlangen

vorgelegt von

Diplomingenieur Dr.-Ing. Georg Reininger
aus München
Wissenschaftl. Hilfsarbeiter am Reichspostzentralamt
(Telegraphentechn. Reichsamt) Abteilung München

Approbiert am 17. Juli 1928

Verlag Walter de Gruyter & Co., Berlin und Leipzig

Referent:
Geheimer Rat Univ.-Professor D. Dr. Sehling

Inhaltsverzeichnis.

Einleitung.

Hauptstück.

Schluß.

Anhang I.

Anhang II.

Einleitung.

I. Thema und Stoffabgrenzung.

Viele durchgreifende technische Erfindungen stellen die Rechtswissenschaft und die Rechtsprechung vor neue Aufgaben und Probleme. Entweder müssen die bestehenden Rechtsnormen den veränderten Verhältnissen angepaßt und auf sie angewendet werden, oder es muß eine Lücke, welche erst infolge der Erfindung zutage getreten ist, durch die Schaffung neuer Rechtsnormen geschlossen werden.

So blieb auch die praktische Verwirklichung der von J. C. Maxwell und Heinrich Hertz aufgestellten Theorien durch Guglielmo Marconi, dem es im Jahre 1897 erstmalig gelang, Telegraphiezeichen ohne Verbindungsleitung auf eine größere Entfernung zu übertragen, und die weitere Entwicklung dieser Erfindung, nicht ohne Einfluß auf das Rechtswesen. Zwar fiel nach der Definition des Begriffes „Telegraphie" durch das Reichsgericht[1]) auch die drahtlose Nachrichtenübermittlung unter das „Gesetz, betreffend das Telegraphenwesen des Deutschen Reiches, vom 6. April 1892" (RGBl. 1892, S. 467) und damit unter das Nachrichtenmonopol des Reiches. Aber mit der Entwicklung des Funkwesens mußte die Rechtsentwicklung gleichen Schritt halten und die Lücken, die das Gesetz vom 6. April 1892 ließ, wurden durch das „Gesetz vom 7. März 1908, betreffend die Abänderung des Gesetzes über das Telegraphenwesen des Deutschen Reiches, vom 6. April 1892" (RGBl. 1908, S. 79), fälschlich manchmal „Funknovelle 1908" genannt, geschlossen.

Die Anwendung des drahtlosen Nachrichtenmittels zur Telephonie, d. h. zur Übertragung von Sprache und Musik, stellte dem Verwaltungsrecht neue Aufgaben, insbesondere

---

[1]) In Anlehnung an eine Begriffserklärung von Scheffler in der Erkenntnis vom 28. Februar 1889.

nachdem durch die Einführung des sog. Unterhaltungsrundfunkes in Deutschland in weiten Kreisen der Bevölkerung Interesse für die drahtlose Telephonie wachgerufen wurde. Die Rechtsentwicklung folgte, zunächst durch eine Notverordnung, nämlich die „Verordnung zum Schutze des Funkverkehrs", die vom Reichspräsidenten auf Grund des Art. 48 RV. am 8. März 1924 erlassen wurde (RGBl. I, 1924, S. 273). Diese Verordnung wurde am 1. Januar 1928 wieder außer Kraft gesetzt, nachdem in dem neuen „Gesetz über Fernmeldeanlagen" vom 14. Januar 1928[2]) (Anlage zum Amtsblatt des Reichspostministeriums Nr. 8, 1928) der Inhalt der Notverordnung im wesentlichen mit eingearbeitet worden ist. Es steht jedoch außer Zweifel, daß auch dieses Gesetz noch nicht die letzte Form darstellt, wodurch das drahtlose Nachrichtenmittel in seiner schnellen weiteren Entwicklung vollkommen geregelt werden könnte.

Aber nicht nur im Verwaltungsrecht hat die Einführung des Rundfunks die Rechtswissenschaft vor neue Aufgaben und Entscheidungen gestellt, auch andere Gebiete des Rechtswesens wurden davon berührt.

Eine der für die Praxis wichtigsten und nicht völlig geklärten Fragen bezieht sich auf den Schutz des Urheberrechtes. Denn nachdem im Rundfunk täglich Werke der Literatur und Tonkunst sowie Bühnenwerke verbreitet werden, ist es für die Sendegesellschaften einerseits, für die Urheber dieser Werke andererseits von größter Bedeutung, sich auf eine eindeutig festgelegte Rechtslage stützen zu können. Diese Frage reicht auch über den Kreis nationalen Rechtes hinaus, denn durch die Fortschritte in der Fernmeldetechnik wird es binnnen kurzem möglich sein, einen Programmaustausch von Sendestellen über die politischen Grenzen eines Staates hinaus durchzuführen, ganz abgesehen davon, daß durch die große Reichweite der neuen Rundfunksender die Darbietungen drahtlos weit jenseits der Landesgrenzen aufgenommen werden können. Deshalb soll sich auch die zurzeit in Rom tagende

[2]) Auf Grund des Art. III des „Gesetzes zur Änderung des Telegraphengesezes vom 3. Dezember 1927" (RGBl. I, 1927, S. 331), welches am 1. Januar 1928 in Kraft getreten ist, vom Reichspostminister bekanntgemacht.

internationale Juristenkonferenz mit der Regelung des Schutzes des Urheberrechtes im internationalen Rundfunk befassen.

In Deutschland hat das Reichsgericht zwar zugunsten der Autoren entschieden[3]) und damit die Geltung des Urheberrechtsschutzes für den Rundfunk bestätigt. Namhafte Rechtsgelehrte vertreten aber eine abweichende Auffassung. Auch die österreichische oberste Gerichtsinstanz hat sich einen der reichsdeutschen Auffassung entgegengesetzten Standpunkt zu eigen gemacht[4]).

Jedoch sind in der Zwischenzeit in der Rundfunktechnik Erfindungen gemacht worden, welche auf die Rechtslage von erheblichem Einfluß werden können und die Gefahr in sich bergen, daß der Urheberrechtsschutz im Rundfunk auf Bahnen gebracht wird, die der rechtspolitischen Tendenz des Urheberschutzgesetzes zuwider laufen.

Es wird die Aufgabe der folgenden Arbeit sein, die Wirkungen der technischen Neuerungen im Rundfunk auf das Urheberrecht zu untersuchen und die Möglichkeiten einer Änderung oder Ergänzung der Gesetzgebung zum Schutze der Urheber aufzuzeigen und zu erörtern. Als Grundlage dient dabei das „Gesetz, betreffend das Urheberrecht an Werken der Literatur und der Tonkunst, vom 19. Juni 1901 (RGBl. 1901, S. 227)/22. Mai 1910 (RGBl. 1910, S. 793)“, das als bekannt vorausgesetzt werden darf.

Die Arbeit soll sich in der Hauptsache nur auf die Verhältnisse in Deutschland beziehen. Vergleichsweise wird aber auch auf die österreichische Rechtsprechung Bezug zu nehmen sein und die internationale Lage kurz gestreift werden.

Zunächst sollen die Theorien untersucht werden, welche für die Beurteilung des Urheberrechtsschutzes im Rundfunk aufgestellt worden sind. An Hand dieser Theorien wird dann die Rechtslage nach den neuesten Erfindungen der Rundfunktechnik zu prüfen sein. Dabei sollen die Mängel aufgezeigt werden, welche durch die Entwicklung der Technik im gegenwärtigen Gesetz entstanden sind.

---

[3]) Entscheidung des Reichsgerichtes vom 12. Mai 1926, I. 287/1925 und I. 422/1925. Vgl. Anhang I.

[4]) Entscheidung des obersten Gerichtshofes der Republik Österreich vom 28. November 1927, Akt.-Z. C. X 2690/26. Vgl. Anhang II.

Der Schlußabschnitt wird als Folgerung die Wege aufzuzeigen versuchen, welche bei einer Neugestaltung des internationalen und des innerdeutschen Urheberrechtes beschritten werden könnten, um eine eindeutige rechtliche Verankerung des Urheberschutzes dem Rundfunk gegenüber zu erreichen.

Das für die Arbeit verwendete Schrifttum ist am Schlusse zusammengestellt. Bei der Beschaffung des Materials wurde ich besonders von seiten der Deutschen Studiengesellschaft für Funkrecht in Leipzig und von dem Syndikus des Schutzverbandes deutscher Schriftsteller in Österreich, Herrn Rechtsanwalt Dr. Leo Fischmann in Wien, bestens unterstützt, wofür Verfasser auch an dieser Stelle seinen Dank zum Ausdruck bringen möchte.

Hauptstück.

Die Eingliederung des Rundfunks in das geltende deutsche Urheberrecht.

Zunächst handelt es sich darum, den Begriff „Rundfunk" im Sinne des Urheberschutzgesetzes festzulegen.

Bevor jedoch an die juristische Diskussion des Begriffes „Rundfunk" nach den Auslegungen des Urheberschutzgesetzes herangegangen werden kann, muß festgestellt werden, was nach allgemeinem Sprachgebrauch unter „Rundfunk" verstanden werden soll.

I. Die Begriffsbestimmung „Rundfunk" im allgemeinen deutschen Sprachgebrauch.

Im allgemeinen deutschen Sprachgebrauch hat man zu unterscheiden zwischen einem Begriff des Rundfunks im weiteren und im engeren Sinne.

Im weiteren Sinne bezeichnet man in Deutschland als Rundfunk die Gesamtheit der technischen, organisatorischen und künstlerischen Mittel, welche zur drahtlosen Aussendung und zum Empfang von Sprache, Musik oder anderen akustisch wahrnehmbaren Vorgängen verwendet werden. Zu diesen akustischen Übertragungen wird sich in absehbarer Zeit die in den Vereinigten Staaten von Nordamerika bereits praktisch erprobte Übertragung optisch wahrnehmbarer Vorgänge gesellen. Unter den weiteren Begriff „Rundfunk" fallen also die gesamten technischen Einrichtungen zur Aufnahme der Darbietungen im Senderaum, zu ihrer Übertragung auf die Rundfunksender, zur Aussendung, und auf seiten der Rundfunkteilnehmer die technischen Einrichtungen zum Empfang und zur Wiedergabe, einschließlich der Mittel und Organisationen zur Erstellung und zum Betrieb dieser Einrichtungen. Es gehört dazu die Tätigkeit der Sendegesellschaften zur Zusammenstellung der Programme, die Werbung der Künstler und die künstlerische Leitung der Darbietungen für die drahtlose Aussendung, natürlich auch die Darbietungen selbst, also das Programm der einzelnen Sendegesellschaften. Ferner ist zuzurechnen die Organisation der Deutschen Reichspost für die Ausstellung von Rundfunkempfangsgenehmigungen und für die Einhebung der Gebühren, die Maßnahmen zur Werbung der Teilnehmer und schließlich auch alles, was zur Finanzierung der drahtlosen Aussendungen und des Empfanges erforderlich ist. Kurzum, der Ausdruck „Rundfunk" ist ein Sammelbegriff, ebenso wie der Ausdruck „Industrie" oder „Rechtswesen" oder irgendein anderer derartiger Begriff.

Mit diesem erweiterten Rundfunkbegriff kann natürlich in der beabsichtigten Untersuchung nicht gearbeitet werden.

Wir müssen uns vielmehr auf den engeren Begriff Rundfunk stützen. Dieser Begriff soll definiert werden als das Aussenden und Empfangen der für diesen Zweck bestimmten Darbietungen. In der englisch sprechenden Welt hat man dafür die Bezeichnung „broadcasting" geschaffen, ein Ausdruck, den man nicht wörtlich übersetzen kann. In der Tat trifft dieser Ausdruck aber das Wesen des Rundfunkens sehr gut, denn in der Aussendung mit Hilfe der elektromagnetischen Wellen liegt ein gewisses „Breitwerfen" oder „Hinauswerfen" der Darbietungen, also eine Entäußerung seitens der Sendestelle und damit zusammenhängend die Unmöglichkeit der Kontrolle, wo die Darbietungen aufgefangen werden. Diese Unmöglichkeit der Kontrolle ist ja auch die Ursache, weshalb es neben den genehmigten Rundfunkempfangsanlagen sicherlich noch eine größere Anzahl nicht genehmigter Anlagen gibt, deren Auffindung oft recht schwierig sein kann. Der Rundfunkbegriff im engeren Sinne erstreckt sich wohl auch auf die Aufnahme, Aussendung, den Empfang und die Wiedergabe der Darbietungen, aber es ist darunter ein T u n zu verstehen, während im Rundfunkbegriff im weiteren Sinne eine Erscheinungs f o r m menschlicher Betätigung gemeint ist.

In den folgenden Untersuchungen soll das Wort Rundfunk in der engeren Begriffsbestimmung zugrunde gelegt werden, und es wird zu prüfen sein, was an diesem Tun zulässig ist und was nach den Bestimmungen des Gesetzes, betreffend das Urheberrecht an Werken der Literatur und der Tonkunst, vom 9. Juni 1901[1])/22. Mai 1910[2]) unstatthaft wäre, bzw. in welchem Umfange die gesetzlichen Bestimmungen diesem neuartigen Tun gegenüber angewendet werden können und dem tatsächlichen Schutze des Urheberrechtes zu genügen vermögen. Es muß also untersucht werden, inwieweit jene Bedingungen des Gesetzes, an die das Eintreten oder Nichteintreten des Urheberschutzes geknüpft ist, im Rundfunk erfüllt werden, und ferner, ob durch den Rundfunk der Tatbestand entsprechend gewisser Begriffsbestimmungen des Gesetzes gegeben ist.

II. Die juristische Bestimmung des Begriffes „Rundfunk"

in bezug auf das Gesetz, betr. das Urheberrecht an Werken der Literatur und der Tonkunst vom 19. Juni 1901/22. Mai 1910.

Die erste und in ihrer Auswirkung vielleicht wichtigste Frage geht dahin, ob das Rundfunken eines Werkes als Bearbeitung für die Übertragung des Werkes auf Vorrichtungen für Instrumente, die der mechanischen Wiedergabe für das Gehör dienen, angesprochen werden kann (§ 12 Abs. 2 Nr. 5)[1]). Diese Frage ist deshalb von besonderer Bedeutung, weil im Falle der Bejahung dann für die rundfunkmäßige Wiedergabe die §§ 22 bis 22e Platz greifen würden, also für die Wiedergabe an anderen Sendern die Zwangslizenz erteilt werden müßte.

1. Ist der Rundfunk eine Bearbeitung eines Werkes zur mechanischen Wiedergabe?

Der § 12, Abs. 2 Nr. 5[1]) bestimmt als ausschließliche Befugnis des Urhebers insbesondere „die Übertragung des Werkes auf Vorrichtungen für Instrumente, die der mechanischen

---

[1]) RGBl. 1901, S. 227 ff.

[2]) RGBl. 1910, S. 793 ff.

[1]) Diese Hinweise beziehen sich auf das „Gesetz, betr. das Urheberrecht an Werken der Literatur und der Tonkunst, vom 19. Juni 1901/22. Mai 1910 (RGBl. 1901, S. 227 ff., 1910, S. 793 ff.).

Wiedergabe für das Gehör dienen, insbesondere auf auswechselbare Scheiben, Platten, Walzen, Bänder und sonstige Zubehörstücke solcher Instrumente". § 2 Abs. 2 Satz 1 besagt: „Wird ein Werk der Literatur oder der Tonkunst durch einen persönlichen Vortrag auf Vorrichtungen für Instrumente übertragen, die der mechanischen Wiedergabe für das Gehör dienen, so steht die auf diese Weise hergestellte Vorrichtung einer Bearbeitung des Werkes gleich. Es handelt sich also um eine Bearbeitung mit dem Zweck, eine Vorrichtung herzustellen, welche es gestattet, das Werk beliebig oft und zu einer beliebigen Zeit zu wiederholen. Das Werk muß auf der Vorrichtung festgehalten werden.

Dieses ist nun beim Rundfunk im allgemeinen nicht der Fall. Der Vortrag des Werkes findet im Senderaum statt, die akustischen Wellen werden in der Aufnahmeeinrichtung in elektrische verwandelt, vom Sender mit der hochfrequenten Trägerwelle ausgestrahlt, auf seiten des Teilnehmers aufgefangen und nun mittels Kopfhörer oder Lautsprecher wieder in akustische Wellen umgewandelt. Die Empfangsanlage ist also in unmittelbarer Abhängigkeit von der Sendeanlage und nach erfolgter Wiedergabe ist keine Vorrichtung vorhanden, welche eine Wiederholung des Vortrages des Werkes ermöglichen würde. Der Rundfunkteilnehmer hört nicht eine mechanische Wiederholung der Darbietung, sondern er hört die Darbietung selbst. Neugebauer schließt daraus, daß „die rundfunkmäßige Wiedergabe eines Werkes keine Bearbeitung im Sinne der §§ 2, 12 LitUG. sein" könne[2]). Er stützt sich dabei auf eine Reihe von Entscheidungen maßgebender Gerichte, darunter auch auf die Entscheidung des Reichsgerichts[3]).

Sind die Grundlagen für diese Schlußfolgerungen nach den neuesten Erfindungen der Funktechnik noch völig zuverlässig? Um diese Frage zu beantworten, sei ein kurzer Überblick und Ausblick über die Entwicklung des Rundfunkwesens gestattet.

Im Anfang mehr als Spielerei und sportliches Betätigungs-

---

[2]) Neugebauer, a.a.O., S. 145.

[3]) Vom 12. Mai 1926, I. 287/1925 und I. 422/1925. Vgl. Neugebauer S. 145 Anm. 1 und Anhang I.

feld für einige technisch interessierte Teilnehmer betrachtet, hat sich der Rundfunk in Deutschland im Laufe der Zeit zu einem Nachrichten- und Unterhaltungsmittel entwickelt, welches sich ebenbürtig neben das Fernsprechwesen und die Tagespresse stellen kann. Die Industrie hat Empfangsapparate geschaffen, die so zuverlässig und so einfach zu bedienen sind, daß auch der Nichttechniker, dem es nur auf den sicheren und klaren Empfang der Darbietungen des nächstgelegenen Senders ankommt, sie ohne weiteres in Betrieb zu setzen vermag. Der Rundfunk verbreitet Nachrichten, deren Aufnahme von wirtschaftlich großer Bedeutung für den Teilnehmer sein kann (Börsennachrichten, Preisberichte, Wetterberichte usw.). Ebenso können belehrende Vorträge, auch Musikvorträge, für ihn ein wesentliches Interesse haben. Es gibt bereits einfache Vorrichtungen im Handel, die den Empfangsapparat zu einer gewünschten Zeit[4]) selbsttätig einschalten und nach Ablauf der Zeit wieder abschalten, so daß der Teilnehmer die Sendungen nicht infolge fehlender Inbetriebsetzung seines Empfangsgerätes überhört. Je mehr aber der Rundfunk wichtige Nachrichten verbreitet, um so größer wird das Bedürfnis, diese Nachrichten auch zu einer beliebigen anderen Zeit noch anhören zu können. Die Technik hat deshalb Vorrichtungen geschaffen, die es ermöglichen, alle im Empfangsgerät aufgenommenen Worte, Töne oder Geräusche festzuhalten und nach einer praktisch beliebig langen Zeit wiederzugeben[5]). Diese Vorrichtungen sind zwar von der Industrie noch nicht in großen Mengen hergestellt, es ist aber kein Zweifel, daß sie in nicht ferner Zeit zu erschwinglichen Preisen zu haben sein werden und sicher von Rundfunkteilnehmern gekauft und verwendet werden. Auch gibt es bereits Vorrichtungen, die ein Festhalten von Strichbildern bzw. -zeichnungen ermöglichen. Wie bekannt sein dürfte, wird über die bayerischen Rundfunk-

---

[4]) Der Nachrichtendienst wird fast immer täglich zur gleichen Zeit gesendet.

[5]) Erwähnt seien der „sprechende Draht" von Kiliani, der Stille'sche Schreiber, der Triergon-Tonfilm von Engl, Massole und Vogt, das bereits länger bekannte Telegraphon u. a. Auf Einzelheiten kann hier nicht eingegangen werden.

sender jeden Tag die Wetterkarte drahtlos verbreitet[6]). Auf seiten der Teilnehmer kann an das Empfangsgerät ein Zusatzgerät angeschlossen werden, das ein getreues Bild der Wetterkarte auf Papier aufzeichnet, also die Wetterkarte in einer dauerhaften Form wiedergibt. Selbstverständlich könnten auch andere „Abbildungen wissenschaftlicher oder technischer Art"[7]) auf diese Weise übertragen werden, gegebenenfalls auch Werke der bildenden Künste. Die drahtlose Übertragung von Photographien oder durch ähnliche Verfahren hergestellter Bilder ist wegen der hohen Kosten der hierzu nötigen Apparate noch nicht praktisch durchgeführt, doch ist für die Zukunft mit der Möglichkeit einer solchen Übertragung zu rechnen, wodurch auch die §§ 3, 15 und 17 des Gesetzes, betreffend das Urheberrecht an Werken der bildenden Künste und der Photographie[8]), für den Rundfunk Bedeutung gewinnen würden, ebenso wie bei der Übertragung von Werken der bildenden Künste (Graphik). Diese Möglichkeit soll aber zunächst noch außer Betracht bleiben, und es soll nur der Fall erörtert werden, daß ein durch das Gesetz, betreffend das Urheberrecht an Werken der Literatur und der Tonkunst, vom 19. Juni 1901/22. Mai 1910 geschütztes Werk durch Rundfunk übertragen wird.

Man wird mir entgegenhalten, daß die Aufrollung der ganzen Frage ohne größere Bedeutung sei, weil voraussichtlich die Vorrichtungen zur Festhaltung der Rundfunkdarbietungen und einer späteren mechanischen Wiedergabe so teuer sein werden, daß nur ein kleiner Teil der Rundfunkhörer zur Befriedigung seiner Bedürfnisse sich die Vorrichtungen kaufen wird. Darauf ist zu erwidern, daß es einmal für die grundsätzliche Beurteilung ganz gleichgültig ist, auf wie viele Vorrichtungen die Übertragung des Werkes erfolgt, da bereits mit der unberechtigten Übertragung auf eine einzige Vorrichtung der Tatbestand einer Verletzung des Urheberrechtes gegeben ist. Zum zweiten muß aber bedacht werden, daß, auch wenn man nur bei einem von Tausend Rundfunkteilnehmern die Be-

[6]) Nach dem Verfahren von Prof. Dr. Dieckmann. Vgl. auch meine Arbeit „Der deutsche Funkverkehr", S. 21, 22.

[7]) Vgl. § 1 Nr. 3 des Urheberschutzgesetzes vom 19. Juni 1901/22. Mai 1910.

[8]) Vom 9. Januar 1907 (RGBl. 1907, Nr. 3 vom 12. Januar 1907).

schaffung einer Vorrichtung zum Festhalten der Rundfunkdarbietungen annimmt, beim Vorhandensein von 2½ Millionen Teilnehmern sich die immerhin stattliche Zahl von 2½ Tausend Vorrichtungen ergibt, eine Zahl, auf die manche literarische Arbeit bei ihrer rechtmäßigen Vervielfältigung stolz wäre.

Welche rechtlichen Folgerungen entwickeln sich nun, wenn ein Rundfunkteilnehmer an seine genehmigte Empfangsanlage eine Vorrichtung anschließt, die es ihm gestattet, die Darbietungen des Rundfunks nach beliebig langer Zeit mechanisch wiederzugeben?

Die „Bedingungen der Genehmigung zur Errichtung und zum Betrieb einer Rundfunkempfangsanlage" verwehren ihm den Anschluß einer Vorrichtung zur Festhaltung der Darbietungen nicht. Nach § 7 dieser Bedingungen hat er sich das Empfangsgeräte ja selbst zu beschaffen, und Einschränkungen sind nicht gemacht, sofern nach § 8 eben nur immer ein Empfangsgerät an der Anlage betrieben wird. Die erwähnte Vorrichtung kann nun nicht als zweites Empfangsgerät betrachtet werden, denn einmal könnte sie sehr wohl mit dem Empfangsgerät zu einer Einheit zusammengesetzt werden und ferner hat die Vorrichtung an sich nicht die wesentlichen technischen Merkmale des Empfangsgerätes, sie hat vielmehr den Charakter eines Zubehörstückes, ähnlich wie ein Lautsprecher u. ä. Schließlich könnte der Teilnehmer ja auch zwei Genehmigungen sich erteilen lassen, wodurch er zwei Empfangsgeräte gleichzeitig betreiben dürfte. Die Aufnahme der Rundfunkdarbietungen auf die Vorrichtung ist ihm durch die Genehmigungsbedingungen auch nicht verwehrt, im Gegenteil ermächtigt ihn § 1 der Genehmigung ausdrücklich, die Darbietungen des „Unterhaltungsrundfunks" und der „Nachrichten an alle" sowie der Versuchsender „aufzunehmen", ohne daß eine genauere Umgrenzung des „Aufnehmens" gegeben ist.

Auch das Gesetz über Fernmeldeanlagen[9]) bietet, sofern für die Anlage die zur Errichtung und zum Betrieb erforderliche Genehmigung eingeholt wurde, keine rechtliche Handhabe

[9]) Vom 14. Januar 1928, Amtsblatt des Reichspostministeriums Nr. 8, 1928.

gegen die Aufnahme und Wiedergabe auch vor anderen Personen, denn die zum Verbot einer Mitteilung notwendigen Voraussetzungen des § 11 treffen nicht zu, da die empfangenen Darbietungen ja eigens für die Funkanlage des Teilnehmers bestimmt sind.

So bleiben also nur die Bestimmungen der Urheberschutzgesetze, welche hier regelnd eingreifen.

Stellen wir uns bei ihrer Erörterung zunächst mit Reiche[10]) auf den Standpunkt, das Rundfunken falle unter den Begriff der Bearbeitung nach § 12 Abs. 2 Nr. 5 des Gesetzes, betreffend das Urheberrecht an Werken der Literatur und Tonkunst, vom 19. Juni 1901/22. Mai 1910. Reiche sagt mit Bezug auf die vorerwähnte Gesetzesbestimmung über die Übertragung eines Werkes auf Vorrichtungen für Instrumente, die der mechanischen Wiedergabe für das Gehör dienen:

„Dieses in den Begriff der Bearbeitung fallende Sonderrecht, das insbesondere auch in der alsbald zu erörternden Bestimmung des § 2 UG. eine wesentliche Rolle spielt, ist im Jahre 1910 dem Gesetze mit Rücksicht auf die anwachsende Grammophonbranche eingefügt worden. Auf Grund dieses Entstehungsgrundes der Vorschriften kann es zunächst vielleicht zweifelhaft erscheinen, ob sie auf die Wellenübertragung Anwendung finden können."

Die letztgenannte Folgerung Reiches kann nicht unwidersprochen bleiben. Denn die Sätze in der Begründung zum § 12 Abs. 2 Nr. 5 „Wenn ferner behauptet worden ist, daß Sprechmaschinen überhaupt nicht zu den Instrumenten gehörten, die im Sinne des Gesetzes zur mechanischen Wiedergabe dienten, weil bei ihnen das Werk zunächst persönlich vorgetragen werden müsse, so fehlt es für eine solche Auslegung an jedem Grunde. Vom Standpunkt des Entwurfs ist ihr übrigens der Boden schon durch die unter Nr. 2 zum § 2 vorgeschlagene neue Vorschrift entzogen, da hier der persönliche Vortrag ausdrücklich als ein Mittel der zum Zwecke der mechanischen Wiedergabe erfolgenden Übertragung des Originalwerkes gekennzeichnet und zugleich klargestellt wird, daß das Gesetz die

[10]) Reiche, a. a. O., S. 45 ff.

durch persönlichen Vortrag hergestellte Vorrichtung nur als eine Bearbeitung des Originalwerkes, nicht etwa als eine eigentümliche Schöpfung betrachtet, deren Vervielfältigung von der Einwilligung des Urhebers des Originalwerkes unabhängig ist[11])" müßten eher sogar eine Stütze für die Argumentation bilden, die er im folgenden führt[12]):

„Der Wortlaut des Gesetzes steht dem nicht entgegen, denn es ist nicht zu leugnen, daß der Sender bzw. die Funkapparatur eine Vorrichtung für Instrumente ist, die letzten Endes der mechanischen Wiedergabe für das Gehör dienen. Mochte im Jahre 1910 daher auch an die technische Entwicklung des Funkwesens noch nicht gedacht werden können, so spricht doch nichts dagegen, eine Bestimmung, deren Wortlaut sogar es zuläßt, bei fortschreitender Technik auf Tatbestände — unmittelbar oder zumindest analog — anzuwenden, die bei Abfassung des Gesetzes noch nicht akut waren, zumal ohne weiteres angenommen werden kann, daß der Gesetzgeber, wenn er damals schon entsprechende Zweifel hätte haben können, es klar ausgesprochen hätte, daß auch die Vorrichtung zur Übertragung elektrischer Wellen in das Gesetz fallen solle. Die Tendenz des Urheberrechtes dürfte diesen Erwägungen Recht geben; denn es ist nicht einzusehen, warum Autoren gegenüber der ihre geistigen Schöpfungen einer geradezu unendlichen Öffentlichkeit publizierenden Rundtelephonie irgendwie schlechter gestellt werden sollen als gegenüber dem Grammophonplattenfabrikanten, der die Geisteswerke zunächst nur in einer bestimmten Anzahl körperlicher Exemplare reproduzieren kann. Es kommt hinzu, daß zu dem Tatbestand der Übertragung im Sinne der §§ 2 und 12 UG. im Gegensatz zu dem Begriffe der Vervielfältigung nicht notwendig eine sinnfällige, körperliche Wiedergabe gehört. Ja, es kann bereits hier grundsätzlich festgestellt werden, daß Sprechen ins Mikrophon des Senders, Rundspruch, nie Vervielfältigung im Sinne des Urhebergesetzes ist, so daß die sich auf die Vervielfältigung beziehenden Be-

---

[11]) Reichstagsdrucksachen Nr. 341, 12. Leg.-Per., II. Sess. 1909/1910, Begründg. S. 10.

[12]) Reiche, S. 45 ff.

stimmungen des Gesetzes auf die Wellentelephonie unmittelbare Anwendung nie finden können[13]).“

Die Folgerungen, die sich aus der Auffassung ergeben, das Rundfunken sei eine Übertragung des Werkes auf Vorrichtungen für Instrumente, die der mechanischen Wiedergabe für das Gehör dienen (§ 12 Abs. 2 Nr. 5), sind außerordentlich weittragend.

Hat nämlich der Teilnehmer an seinem Empfangsapparat eine Vorrichtung angeschlossen, die eine spätere mechanische Wiedergabe des Werkes gestattet, so liegt tatsächlich eine sinnfällige, körperliche Sache zur Wiedergabe vor. Durch Vortrag eines Werkes der Tonkunst am Sender unter stillschweigender oder ausdrücklicher Genehmigung an die Sendegesellschaft zur Aussendung gegen Zahlung des üblichen Honorars hat der Berechtigte dann der Sendegesellschaft neben dem Recht der Veröffentlichung gestattet, „das Werk zum Zwecke der mechanischen Wiedergabe (§ 12 Abs. 2 Nr. 5) gewerbsmäßig[14]) zu vervielfältigen“. Damit treten aber alle Folgen ein, die in den §§ 22 mit 22c des Gesetzes bestimmt sind. Er ist also zur Erteilung von Zwangslizenzen, etwa an andere Rundfunkgesellschaften zur Aufführung seines Werkes an deren Sender, nach § 22 verpflichtet. Der Rundfunkteilnehmer seinerseits kann gemäß § 22a Abs. 1 nach den dort niedergelegten Bestimmungen die Vorrichtung, in der das Werk festgelegt wurde, ohne weitere Erlaubnis zu öffentlichen Aufführungen benutzen, also z. B. zur Wiedergabe des Werkes mittels Lautsprecher in einer Gaststätte u. dgl. Sogar ein nicht honorierter Vortrag am Sender, der sich als freiwillige Erteilung der Erlaubnis an die Sendegesellschaft, das Werk zum Zwecke der mechanischen Wiedergabe zu vervielfältigen, darstellen würde (§ 22a Abs. 2), fiele unter die Bestimmungen der §§ 22 mit 22c.

Das Werk des Urhebers wäre damit in einem ebensolchen Umfange des Schutzes beraubt, wie bei der mechanischen Vervielfältigung, z. B. auf Grammophonplatten. Während aber bei letzterem Verfahren die Zahl der Vervielfältigungen nach-

---

[13]) Hierüber vgl. S. 29.

[14]) Der gewerbsmäßige Charakter der Rundfunkdarbietungen kann wohl nicht zweifelhaft erscheinen. Vgl. S. 42.

geprüft werden kann, wäre dies bei der Aussendung im Rundfunk praktisch so gut wie unmöglich. Damit nun der Berechtigte eine billige Entschädigung erhielte, müßten die Urheberhonorare im Sendebetrieb entsprechend hoch angesetzt werden. Daraus würde sich jedoch eine derartige Mehrbelastung an Ausgaben für die Rundfunkgesellschaften ergeben, daß der Sendedienst nicht im gegenwärtigen Umfange oder unter den gegenwärtigen Bedingungen aufrechterhalten werden könnte. Diese Folgerungen wären aber sicher nicht im Sinne des Gesetzgebers gelegen, der ja auch der deutschen Industrie für mechanische Wiedergabeapparate in dem alten § 22 des Gesetzes vom 19. Juni 1901 besonderes Entgegenkommen und eine verständige Würdigung der wirtschaftlichen Lage zeigte[15]).

Wir sehen also, daß wir im logischen Verfolg der Auffassung von Reiche auf Wege geraten, die zu keinem annehmbaren Ergebnis führen.

Kehren wir darum zurück zu der Auslegung von Neugebauer, der, wie bereits dargelegt wurde, den Standpunkt vertritt, die rundfunkmäßige Wiedergabe eines Werkes sei keine Bearbeitung im Sinne der §§ 2 und 12 des Urheberschutzgesetzes vom 19. Juni 1901/22. Mai 1910. Wie ist die Rechtslage nach dieser Auslegung, wenn der Rundfunkteilnehmer eine Vorrichtung zur Festhaltung und mechanischen Wiedergabe des Werkes zu beliebiger Zeit hinter seinem Empfangsgerät anschließt?

Neugebauer behandelt diesen Fall bereits unter Bezug auf ein hinter das Empfangsgerät geschaltetes Telegraphon. Er sagt darüber[16]):

„Wenn der Rundfunkteilnehmer an seine Empfangsanlage ein Telegraphon anschaltet und von diesem das durch seine Rundfunkanlage Aufgefangene aufzeichnen läßt, so enthält bereits das Aufnehmen des Aufgefangenen durch das Tele-

---

[15]) Vgl. Reichstagsdrucksachen Nr. 97, 10. Leg.-Per., II. Sess. 1900 bis 1901, Begründung S. 31.

[16]) Neugebauer, S. 160.

Die gleiche Ansicht wie Neugebauer vertritt Hoffmann, Leipz. Zeitschr. 1924, S. 455, Steinberg, Urh.R. und Funkr. 1926 S. 13 ff.; siehe auch RGZ. S. 415.

graphon eine Verletzung des Urheberrechts, wenn nicht etwa z. B. der Ausnahmefall des § 15 Abs. 2 LitUG. gegeben ist. Das Telegraphon ist eine selbständige Vorrichtung, die in keinem ursächlichen Zusammenhang mit dem eigentlichen Rundfunkgerät steht, sondern an dieses angeschaltet wird, um einzelne Vortragsstücke auf Walzen aufzuzeichnen und später beliebig oft, unabhängig vom Rundfunkgerät, mittels dieser Walzen und einer besonderen Übertragungsvorrichtung wiederzugeben. Das Festhalten des im Rundfunk Verbreiteten durch ein Telegraphon fällt mithin unter die gemäß § 12 Abs. 2 Ziffer 5 LitUG. dem Urheber allein vorbehaltene Übertragung des Werkes auf Vorrichtungen für Instrumente, die der mechanischen Wiedergabe für das Gehör dienen. Werke, die dem Urheberschutz unterliegen, einerlei welcher Art sie sind, können daher mittels Telegraphons nur mit Einwilligung des Urhebers aufgenommen werden. Andernfalls hat der Betreffende dem Urheber des Werks Schadenersatz zu leisten und gewärtigt Bestrafung und Einziehung des Telegraphons."

Der wesentliche Unterschied in der Auslegung Neugebauers gegenüber Reiche besteht vor allem darin, daß nach Reiche für die Frage des Urheberrechtes als die zwei Parteien der Urheber oder dessen Rechtsnachfolger einerseits und die Sendegesellschaft, welche die Bearbeitung des Werkes bewirkt, auf der anderen Seite in Betracht kommen. Bei Neugebauer tritt eine dritte Partei hinzu. Denn wenn aus seinen Ausführungen auch nicht entschieden hervorgeht, ob er die Aussendung einer Rundfunkdarbietung als „Verbreitung" angesehen wissen will, so stellt er doch fest, daß die Sendegesellschaft das Werk weder „bearbeitet" noch „vervielfältigt"[17]). Als dritte Partei erscheint aber bei ihm der Rundfunkteilnehmer, der die Darbietung zwar berechtigt auffängt, aber zur Aufnahme mit dem Urheber in ein besonderes Rechtsverhältnis treten müßte. Im übrigen verlangt Neugebauer auch für gewerbsmäßig veranstaltete Lautsprechervorführungen durch Rundfunkteilnehmer die Einholung einer besonderen Genehmigung des Urhebers, wovon später noch zu sprechen sein wird[18]). Wer also die Ab-

---

[17]) Neugebauer, S. 144ff.

[18]) Siehe S. 45.

sicht hätte, zum Zwecke späterer mechanischer Wiedergabe Rundfunkdarbietungen auf eine Vorrichtung aufzunehmen, müßte jeweils die Genehmigung des Berechtigten dazu einholen.

So scharf durchdacht die Ausführungen Neugebauers sein mögen, es muß leider festgestellt werden, daß auch sie bei der Entwicklung der Rundfunktechnik keinen für die juristische Beurteilung gangbaren Weg weisen.

Denn auch wenn die Rechtsprechung den Standpunkt Neugebauers sich zu eigen machen würde, in der Praxis wäre er undurchführbar. Man stelle sich nur vor, welche unüberwindlichen Schwierigkeiten es bereiten würde, alle die Teilnehmer, welche die Darbietung auf eine Vorrichtung zum Festhalten und zur späteren mechanischen Wiedergabe aufnehmen, zu ermitteln und zur Zahlung der Lizenzgebühren heranzuziehen. Sogar dem ehrlichen Teilnehmer wäre es oft unmöglich, den Berechtigten eines Werkes festzustellen und sich rechtzeitig eine Genehmigung zu verschaffen. Es ist auch sehr wohl denkbar, daß die Technik in der nahen Zukunft Empfangsgeräte schafft, welche eine unmittelbare Aufnahme der empfangenen Sendungen bewirken, sodaß also nicht von einem Anschalten eines besonderen Apparates gesprochen werden kann. Die Darbietungen könnten dann wahlweise oder gleichzeitig im Lautsprecher abgehört und auf die Vorrichtung zur Fixierung aufgenommen werden, so daß der Teilnehmer in diesem Falle für alle Darbietungen die Genehmigung der Berechtigten einholen müßte. Es wird ohne weiteres einleuchten, daß dies praktisch nicht durchführbar wäre.

Sehen wir nun noch, welchen Standpunkt das Reichsgericht zu der Frage, ob das Rundfunken eine Bearbeitung zur mechanischen Wiedergabe eines Werkes sei, eingenommen hat. In der Entscheidung vom 12. Mai 1926[19]), hat sich das Reichsgericht auf den Standpunkt gestellt, daß die Möglichkeit späterer Wiederholung einstweilen beim Rundfunk noch fehle. Seine bisherigen Einrichtungen lassen sich darum nicht der Bearbeitung gleichstellen. Die Entscheidung beschränkt sich jedoch nur auf den kongreten Fall und läßt im übrigen offen, ob mit

[19]) Vgl. Anhang I.

einer Weiterentwicklung der Technik eine beliebige spätere Wiederholung möglich sein könne, wodurch die Voraussetzungen einer „Bearbeitung" gegeben seien.

Die Rundfunktechnik hat sich in den seit dem Erlaß der Entscheidung verstrichenen zwei Jahren fortentwickelt und unter Berücksichtigung des neuesten Standes würde sich das Reichsgericht, nach seiner damaligen Auslegung zu schließen, wahrscheinlich dahingehend entscheiden, daß eine Bearbeitung zur mechanischen Wiedergabe im Sinne des § 12 Abs. 2 Nr. 5 des Urhebergesetzes vorliege. De lege lata bliebe wohl kein anderer Weg.

De lege ferenda aber kann sich Verfasser diese Auffassung nicht zu eigen machen. Er schließt sich hier einer Meinung an, die bereits im Oktoberheft 1924 der Zeitschrift Le Droit d'Auteur in dem Artikel „Droit d'auteur et téléphonie sans fil (T.S.F.)" zum Ausdruck gebracht worden ist. Es heißt dort[20]:

„On a dit que la transmission d'une oeuvre par la radiophonie était une reproduction assimilable, en somme, à l'exécution par un instrument mécanique. Celle-ci étant sujette à redevance, il n'y avait, prétendait-on, aucun motif de traiter différement celle-là. C'était, croyons nous, raisonner un peu vite.

En réalité, la radiophonie a fait irruption dans le champs clos de la propriété littéraire à la façon d'une visiteuse assez particulière. On n'avait jusqu'ici rien vu de pareil. Aussi n'est-il pas possible d'argumentier par analogie. L'imprimerie, la photographie, la cinématographie sont à la fois des moyens de reproduction et de diffusion de l'oeuvre, tandis que la radiophonie n'est qu'un moyen de diffusion sans plus. Nous attachons à cette distinction une importance essentielle".

Der weitere Teil des Artikels befaßt sich dann, dem damaligen Stand der Technik entsprechend, mit der Wiedergabe ohne Fixierungsmöglichkeit und kommt, ganz ähnlich wie Neugebauer, zu der Schlußfolgerung:

„Toute réception privée d'une oeuvre radiotéléphonée est libre (sous reserve d'une taxe eventuelle d'abonnement payable à la station d'émission). Toute réception publique doit être

---

[20]) Le Droit d'Auteur vom 15. Oktober 1924, S. 110 ff.

autorisée, à moins que la reproduction sonore effectuée devant le microphone, et la diffusion par les ondes hertziennes, n'échappent elles-mêmes à l'autorisation".

Was mir an dem Artikel wichtig erscheint, ist nicht die zur Vervollständigung des Bildes gebrachte Schlußfolgerung, sondern die im angeführten Absatz ausgedrückte Erkenntnis, daß man den Rundfunk nicht mit Hilfe der Analogie in das Rechtswesen einfügen kann. In der Tat haben wir es beim Rundfunk, besonders in seiner jüngsten Entwicklung, mit einer völlig neuen Sache zu tun, die in das alte Gesetz nicht hineingepreßt werden kann, ohne daß man ihr aus formalen Gründen starken Zwang antun müßte. Eine Rundfunkübertragung ist eben auch dann, wenn sie sich nach dem Wortlaut des Gesetzes als Bearbeitung im Sinne des § 12 Abs. 2 Nr. 5 darstellt, tatsächlich nicht das gleiche wie die Reproduktion des Werkes, z. B. auf Schallplatten.

Bei der Übertragung eines Werkes auf Schallplatten stellt der Fabrikant der Schallplatten eine bestimmte Anzahl von Vervielfältigungen her und zieht aus dem Verkauf dieser Vervielfältigungen unmittelbar den wirtschaftlichen Nutzen. Bei der Rundfunkübertragung zieht die Sendegesellschaft auch dann, wenn infolge der besonderen Einrichtungen einer unbestimmten Anzahl von Rundfunkteilnehmern durch die Sendung eine Vervielfältigung des Werkes erfolgt, keinen besonderen wirtschaftlichen Nutzen, und zwar unabhängig von der Zahl der Vervielfältigungen, sofern man die für die Rundfunkteilehmer werbende Wirkung unberücksichtigt läßt. Die Werbewirkung wird aber im wirtschaftlichen Erfolg der Sendegesellschaft nur eine sehr untergeordnete Rolle spielen. Diese Verhältnisse müssen berücksichtigt werden und es wäre falsch, eine durch die Entwicklung der Technik im Urheberrecht entstandene Lücke auf die Dauer mit Auslegungen verdecken zu wollen, die sich notwendig auf das veraltete Recht stützen müssen.

Wir können daher die Frage: Ist der Rundfunk eine Bearbeitung eines Werkes zur mechanischen Wiedergabe? dahingehend beantworten: Nach geltendem Recht kann er als solche angesehen werden, wenn im konkreten Fall bestimmte Voraussetzungen erfüllt sind. Seinem tatsächlichen Wesen nach aber ist er zwar ein der mechanischen Vervielfältigung ähnliches, aber nicht mit ihr identisches Verfahren zur Mitteilung eines Werkes. Ein neues Recht wird deshalb auch für den Rundfunk neue Normen schaffen müssen.

Im Zusammenhang mit der Frage nach der Rechtsnatur des Rundfunks müssen aber auch noch andere Theorien näher untersucht werden, die z. T. oben schon flüchtig gestreift wurden. So soll die zweite Frage lauten:

2. Ist der Rundfunk eine Verbreitung eines Werkes?

Gemeint ist natürlich eine Verbreitung im Sinne des § 11 Abs. 1 des Urheberschutzgesetzes. Dieser besagt, daß dem Urheber die ausschließliche Befugnis zustehe, sein Werk zu vervielfältigungen und gewerbsmäßig zu verbreiten.

Als Begriffsbestimmung der „Verbreitung" sei die Definition von Riezler angeführt: Verbreitung im Sinne des Gesetzes ist jede Handlung, durch welche ein Exemplar des Werkes einem über die bei der Herstellung und Vervielfältigung Beteiligten hinausgehenden Personenkreis zugänglich gemacht wird[21]). Ganz ähnlich faßt Allfeld den Begriff der Verbreitung, wenn er sagt[22]): „Unter Verbreitung ist jede Handlung zu verstehen, durch welche ein Exemplar des Werkes als solches anderen Personen als den bei der Herstellung selbst beteiligten derart zugänglich gemacht wird, daß diese einen bestimmungsmäßigen Gebrauch davon machen können."

Nach diesen Gesetzesauslegungen würde man die Frage, ob das Rundfunken eine Verbreitung eines Werkes sei, ohne weiteres bejahen können, wenn nicht in den Auslegungen von einem „Exemplar des Werkes" die Rede wäre. Auch die Begründung zum Entwurf des Gesetzes vom 19. Juni 1901 spricht von einem Exemplar, denn es heißt dort: „Als Verbreitung ist in Übereinstimmung mit dem Sprachgebrauche des bisherigen Gesetzes jede Überlassung eines Exemplares zu verstehen, nicht aber die bloße Mitteilung seines Inhalts (das Vorlesen des Schriftwerkes, der Vortrag des Musikstücks)[23]). Es handelt

---

[21]) Vgl. Riezler, S. 256.

[22]) Allfeld, Kommentar, S. 111.

[23]) Reichstagsdrucksachen Nr. 97, 10. Leg.-Per. II. Sess. 1900/1901, Begründung S. 21.

sich also um die Feststellung, ob im Sinne des Gesetzes die Verbreitung eines Werkes das Werk als Geistesgut oder als Exemplar betrifft.

Geht man von der Annahme aus, daß Verbreitung in der Überlassung eines Exemplares bestehe, so war die Frage, ob die Aussendung durch Rundfunk eine Verbreitung sei, bisher zu verneinen. Diese Ansicht vertritt Neugebauer[24]) in seinem „Funkrecht" von 1926 ebenso wie in der ersten Auflage seines Werkes, und Osterrieth hat sich ihm angeschlossen[25]). Aber auch in der jüngsten Literatur finden wir die gleiche Auffassung vertreten und mit guten Gründen belegt, nämlich von Hoffmann im Archiv für Funkrecht 1928[26]) und, wohl in sehr starker Anlehnung an frühere Ausführungen Hoffmanns, in einem Artikel von de Boor in Le Droit d'Auteur[27]).

Hoffmann sagt in dem angeführten Artikel[28]): „Der Begriff der Verbreitung fordert nicht allein die Fixierung des immateriellen Gutes, mithin der Festlegungsexemplare, sondern darüber hinaus das zweite Exemplar, den Abzug. Verbreitet kann nur werden, was vervielfältigt ist. Es wird also beim Verbreiten ein Doppeltes vorausgesetzt: Das Vorhandensein von Vervielfältigungsexemplaren und ihr Inverkehrsetzen, wobei die Herstellung der Vervielfältigungsexemplare, wie es auch im Regelfalle geschieht, ihrer Verbreitung zeitlich lange vorangegangen sein kann. Zur Verbreitung gehört, daß das Festlegungsexemplar in die Hand Dritter kommt."

Diese von Hoffmann vorgebrachten Gründe entbehrten nach bisherigem Stande der Rundfunktechnik nicht einer gewissen Berechtigung. Ähnlich wie Hoffmann argumentierte auch der Oberste Gerichshof der Republik Österreich, als er in der Entscheidung vom 28. November 1927[29]) den Urheberschutz für die Wiedergabe eines Werkes der Literatur, welches bereits erschienen war, verneinte. Allerdings hielt er sich da-

---

[24]) Vgl. Neugebauer, S. 148 ff.

[25]) Vgl. Osterrieth in Gewerblicher Rechtsschutz 1925, S. 263.

[26]) Vgl. Hoffmann, „Die Vortragstheorie" in Archiv für Funkrecht, S. 230, vom 10. Mai 1928. Siehe auch Abschn. 4.

[27]) Vgl. Prof. de Boor in Le Droit d'Auteur 1928, S. 38.

[28]) A. a. O.

[29]) Aktenzeichen C. X. 2690/26. Vgl. Anhang II.

bei streng an den Wortlaut des österreichischen Urheberschutzgesetzes, welches nicht von „Verbreiten", sondern von „Vertreiben" spricht.

Der die „Verbreitung" verneinenden Ansicht von Hoffmann, Neugebauer, Osterrieth, de Boor, Elster[30]) u. a. stehen aber auch bejahende Auffassungen gegenüber.

Sie stützen sich vor allem darauf, daß nach dem Sprachgebrauch von einer „Verbreitung durch Rundfunk" gesprochen wird. Goldbaum sagt in seinem Artikel „Die Verbreitungstheorie"[31]): „Das Radio v e r b r e i t e t aber Tatsachen, Werke, Vorträge, Rezitationen, Musik. Die Aufnahme durch das Gehör bildet auch den Kern des Begriffs, durchaus nicht nur die Aufnahme durch das Auge." Man solle die Sendung juristisch daher auch als das bezeichnen, was sie natürlich sei: eine Verbreitung. Ein systematischer Vorteil dieser Auffassung liege darin, daß eine einheitliche Beurteilung von gesprochenen und gesungenen Tönen möglich sei. Bisher werde die Wiedergabe von gesungenen Tönen im Rundfunk vielfach ebenso wie die Wiedergabe von Theaterstücken als „Aufführung" bezeichnet, während nach der Vortragstheorie[32]) ein anderer Teil von Werken (Lyrik usw.) „vorgetragen" werde. Goldbaum gibt jedoch zu, daß das Gesetz von dem damals beherrschenden Verbreitungsverfahren, dem Buchdruck, ausgegangen sei und daher vornehmlich den Fall im Auge gehabt habe, daß die Verbreitung durch Werkexemplare erfolgt. Die Charakterisierung der Rundfunksendung als einer Verbreitung des Werkes in seiner Idealgestalt, nicht in der konkreten Form eines Exemplares, bedinge daher eine Systemänderung des Gesetzes.

Mag man Goldbaum, der Syndikus der Gesellschaft für Senderechte ist, vielleicht für nicht ganz unvoreingenommen halten, so muß man feststellen, daß eine sicher vollkommen neutrale Instanz, nämlich das Reichsgericht, sich ebenfalls auf den Standpunkt gestellt hat, die Aussendung eines Werkes durch Rundfunk sei eine „Verbreitung". In seiner Entscheidung vom 12. Mai 1926[33]) hat es anerkannt, daß Redeweise

[30]) Vgl. Abschn. 3.

[31]) Archiv für Funkrecht, S. 211 ff. vom 10. Mai 1928.

[32]) Vgl. Abschn. 4.

[33]) Siehe Anhang I.

und Auslegung des Gesetzes von der Vorstellung beeinflußt seien, die Verbreitung eines Schriftwerkes habe durch das Inverkehrbringen von Werkexemplaren zu geschehen. Die Begründung, auf die man sich zu berufen pflegte, wies auf den Sprachgebrauch des Nachdruckgesetzes vom 11. Juni 1870 hin. Dort ist als „Verbreitung" jede Überlassung eines Exemplares, nicht aber die bloße Mitteilung seines Inhalts bezeichnet[34]). Aber schon in der Geltungszeit des Gesetzes von 1870 gaben einzelne Schriftsteller (z. B. Gierke) dem Begriffe der Verbreitung einen erweiterten Umfange und zählten dazu alle Handlungen, durch welche das Geisteswerk einer Mehrzahl von Personen zugänglich gemacht wird[34]). Das Reichsgericht stützt sich aber unabhängig von den früheren Auslegungen auf den rechtspolitischen Gedanken des Urheberschutzgesetzes, wonach dem Schöpfer eines Geisteswerkes dessen volle wirtschaftliche Ausbeute mit Ausnahme weniger bestimmter Einschränkungen unverkürzt zugute kommen solle. Der Erreichung dieses Zweckes müsse die Auslegung sich anpassen. Weder der Wortlaut des Gesetzes (in dem tatsächlich nicht von einer Verbreitung durch Exemplare die Rede ist), noch auch der allgemeine Sprachgebrauch hätten dazu genötigt, das Verbreiten eines Schriftwerkes auf die Weitergabe von Festlegungsexemplaren zu beschränken. Demnach handle es sich nicht um eine Lücke des Gesetzes, sondern um eine Lücke der Auslegung. Für den erweiterten Begriff der „Verbreitung" müsse auf den ursprünglichen, allgemeinen, volkstümlichen Gebrauch des Wortes zurückgegangen werden, der darunter die Übermittlung einer Kenntnis an andere verstehe. Im Rundfunk werde die als Gedankengebilde sich kennzeichnende menschlische Schöpfung „verbreitet", die in der Sprachform ihren Ausdruck und im einzelnen Werkexemplar nur eine in den Verkehr tretende Erscheinungsform finde[34]). Wörtlich heißt es in der Entscheidung[35]): „Mit Recht hebt das Urteil des Berufungsgerichts hervor, daß die Auslegung des Gesetzes nicht starr und unbewegt sein dürfe, sondern dem jeweiligen Stande der Erkennt-

[34]) Vgl. den Artikel von Dr. Georg Müller „Der Spruch des Reichsgerichts im Rundfunkstreite" in Nr. 1 vom Juli 1926 der Mitteilungen der deutschen Studiengesellschaft für Funkrecht, S. 16, 17.

[35]) Siehe Anhang I.

nis und der Bedürfnisse des Lebens entsprechen und genügen müsse. Beizutreten ist ihm darin, daß es sich hier nicht um eine Gesetzeslücke handelt, sondern um eine Lücke der Auslegung, die sich herausgestellt hat durch neue, die Unzulänglichkeit des bisherigen Maßstabes beweisende Erfahrungen. Diese Lücke muß durch berichtigte Auslegung geschlossen werden." Das Reichsgericht hat deshalb die Frage, ob der Rundfunk eine „Verbreitung" sei, bejahend entschieden. Diese Entscheidung wird allerdings von einigen stark angegriffen, so besonders von Elster[36]).

Durch die jüngste Entwicklung der Rundfunkempfangstechnik findet die aufgeworfene Frage keine eindeutige Entscheidung. Denn wenn auch auf der Seite der Teilnehmer durch die Übertragung eine Vorrichtung in konkreter Form entsteht, sei es eine gezeichnete Platte oder Walze, sei es ein durch elektromagnetische Beeinflussung besonders hergerichteter Draht, mittels deren das Werk zu beliebiger Zeit wiedergegeben werden kann, so werden die Anhänger der starren Gesetzesauslegung darin doch keine Verbreitung von Werkexemplaren erblicken. Denn die Verbreitung setzt voraus, daß zuerst schon ein Exemplar vorhanden war, das „verbreitet", d. h. an andere Personen weitergegeben werden kann, und zwar in anderer Art als durch bloßes Verleihen. Beim Rundfunk entsteht aber die Fixierung des Werkes erst durch das Auffangen der Sendung, sodaß man das Rundfunken selbst danach noch nicht als „Verbreitung" auffassen kann.

Für die weitere Auslegung des Begriffes „verbreiten", wie sie auch das Reichsgericht sich zu eigen gemacht hat, wird allerdings die neueste technische Entwicklung eine wesentliche Stützung bedeuten. Eine völlige Klärung wird aber dadurch noch nicht erreicht.

Wir müssen also die Frage, ob der Rundfunk eine Verbreitung eines Werkes sei, noch offen lassen. Es wäre wünschenswert, wenn bei einer neuen Fassung das Gesetz auch hier Klarheit geschaffen würde, wobei man nach Ansicht des Verfassers eine Verneinung ohne Beeinträchtigung der Interessen der Urheber und damit ohne Veränderung der rechtspolitischen

[36]) Vgl. Abschn. 3.

Grundlagen des alten Gesetzes vornehmen könnte. Viel zweckmäßiger erscheint es mir, den Schutz der Geisteswerke im Rundfunk auf die Bearbeitungstheorie im Sinne des § 12 Abs. 2 Ziff. 5 bzw. einer ähnlichen Vorschrift, jedoch ohne die Zwangsfolgen der §§ 22 mit 22c zu stützen, wie dies im vorigen Abschnitt ausführlich dargelegt wurde.

3. Stellt der Rundfunk eine Vervielfältigung eines Werkes dar?

Nach § 11 des Urheber-Schutzgesetzes hat der Urheber „die ausschließliche Befugnis, das Werk zu vervielfältigen". Vervielfältigung im Sinne des Gesetzes ist „die Herstellung einer Mehrzahl einander gleichender gegenständlicher Erscheinungsformen, mithin körperlicher Gegenstände, . . . die das Werk in sinnlich wahrnehmbarer Weise wiedergeben"[37]).

Die Ansichten, ob der Rundfunk nach früherem Stande der Empfängertechnik eine Vervielfältigung sei oder nicht, gehen auseinander.

Neugebauer, gestützt auf seine oben angeführte Definition des Vervielfältigungsbegriffes, verneint eine Vervielfältigung beim Rundfunk[38]). Er verweist darauf, „daß die Vervielfältigung die Herstellung einer körperlichen Dauerform bedingt, die eine wiederholte, insbesondere hintereinander stattfindende Wahrnehmung ermöglicht, während die Rundfunkwiedergabe immer nur ein Weg gleichzeitiger Wahrnehmung ist und bei ihr mit der Beendigung der Wiedergabe auch deren „Gegenstand" spurlos verschwindet, was mit dem Begriff der „Vervielfältigung" des § 11 LitUG. kaum vereinbar ist . . . . Schließlich ist es auch nicht möglich, der rundfunkmäßigen Wiedergabe eines Werkes die Eigenschaft einer Vervielfältigung in der Weise beizulegen, daß man als körperlichen Gegenstand der Wiedergabe die Funksendewellen bezeichnet. Dem nur aus bestimmten bürgerlich-rechtlichen Zweckentscheidungen zu erklärenden gekünstelten Konstruktionsversuch, die Sendewellen als körperliche Sachen zu behandeln, fehlt es an

[37]) Neugebauer, S. 146.

[38]) Vgl. Neugebauer, S. 146 ff.

der inneren Berechtigung[39]).“ Dieser letztgeäußerten Ansicht Neugebauers schließt sich Verfasser völlig an. Auch vom technisch-wissenschaftlichen Standpunkt aus erscheint es widersinnig, die elektromagnetischen Wellen als körperliche Sachen anzusehen.

Eine gegenteilige Auffassung wie Neugebauer vertritt Crisolli[40]). Seiner Meinung nach sei, nachdem es der Technik gelungen ist, die Wahrnehmung eines Werkes durch zahllose Zuhörer mit Hilfe maschineller und mechanischer Einrichtungen auch ohne Herstellung eines körperlich greifbaren Gegenstandes in untereinander gleichen Wahrnehmungsformen zu ermöglichen, fortan schon die Mitteilung eines Werkes durch das Wort als Vervielfältigung im technischen Sinne anzuerkennen.

Wohl der energischste und tiefgründigste Vertreter der Vervielfältigungstheorie ist Elster. Er hat im Archiv für Funkrecht diese seine Auffassung, die er schon in verschiedenen anderen Aufsätzen früher dargelegt hatte, nochmals eingehend auseinandergesetzt und begründet[41]). Zunächst stellt er die Frage, ob bei den Schwierigkeiten, den Rundfunk (ohne Berücksichtigung der neuesten technischen Entwicklung) nach den vorhandenen gesetzlichen Bestimmungen urheberrechtlich zu beurteilen, eine Gesetzeslücke oder eine Auslegungslücke vorliege. Er kommt zu dem Ergebnis, daß eine Auslegungslücke vorhanden sei, und wendet sich gegen die Vertreter der Vortragstheorie, welche eine Lücke des Gesetzes annehmen. Auf der anderen Seite ist er aber auch ein Gegner der Verbreitungstheorie und sucht nachzuweisen, daß diese Meinung keineswegs besser begründet werden könne als die Vervielfältigungstheorie. Elster erklärt, man müsse sich entweder an die engste Auffassung der Zeit der Gesetzgebung halten, und dann sei der Rundfunkvortrag eben ein Vortrag und die Gesetzeslücke bestehe. Oder aber man halte sich an eine mit der Zeit fortschreitende sinngemäße Auslegung, dann könne man auch die „Vervielfältigung“ neu deuten und brauche keines-

---

[39]) A. a. O.

[40]) In Gewerblicher Rechtsschutz und Urheberrecht 1926, S. 200.

[41]) „Die Vervielfältigungstheorie als Begründung des Rundfunk-Urheberschutzes“ in Archiv für Funkrecht 1928, S. 213 ff.

wegs nur die „Verbreitung“ neu zu deuten. Die Entscheidung des Reichsgerichts[42]) zeuge zwar von großer Auslegungsfreudigkeit, habe aber die Auslegung nicht mit zureichenden Gründen belegt, um sie unanfechtbar zu machen. Zu dem Streit, ob das Werk als Geistesgut oder als Exemplar den Schutz des Urheberrechtes genießen solle, verweist Elster auf die verschiedenen Stadien, die ein Werk als „in Form gebrachtes Geistesgut“ durchlaufen muß, bis es als Exemplar vorliegt und knüpft daran die Folgerung, daß das Gesetz überall, wo es „Werk“ sagt, die „in eine wahrnehmbare Form gebrachte Geistesschöpfung als Einheit“ meine, ganz gleichgültig, „in welcher Etappe der irdischen Formgebung der unbefugte Eingriff geschähe“[43]). Wenn das Gesetz daher dem Urheber die ausschließliche Befugnis einräume, das Werk zu vervielfältigen und gewerbsmäßig zu verbreiten, so bedeutet das, „die Form, die zur Wahrnehmbarkeit im heutigen Verkehr nötig ist, herzustellen, damit diese wahrnehmbare Form verbreitet werden könne.“ Eine Dauerform in Gestalt eines greifbaren Exemplares verlange das Gesetz nicht. Elster begründet seinen Standpunkt, es handle sich bei der Aussendung im Rundfunk um eine Vervielfältigung, dann aus folgenden Motiven: 1. Nach dem Sprachgebrauch, denn Vervielfachung sei dasselbe wie Vervielfältigung und es sei kein Zweifel, daß der Vortrag des vor dem Mikrophon Sprechenden durch Mechanik und Technik vervielfältigt werde. In der deutschen Sprache bestehe eine Synonymität von Vervielfachen und Vervielfältigen, also sei die Rundfunksendung eine Vervielfältigung. 2. Wirtschaftlich sei der Vorgang der Rundfunksendung zweifellos als Vervielfältigung anzusehen, denn die wirtschaftliche Gefahr für den Urheber sei wesentlich größer, als etwa bei einem mündlichen Vortrag in einem Saal. Man müsse die wirtschaftliche Bedeutung im Sinne der Gesetzesvorschriften ins Blickfeld rücken und dürfe nicht am Buchstaben kleben. Der größere wettbewerbliche Radius des Rundfunkens zwinge dazu, die Urheber gegen eine Beeinträchtigung ihrer Interessen zu schützen. 3. Technisch muß nach Ansicht Elsters ebenfalls von Verviel-

---

[42]) Vom 12. Mai 1926, I. 287/1925 und I. 422/1925. Vgl. Anhang I.

[43]) Archiv für Funkrecht 1928, S. 218.

fältigung gesprochen werden. Durch die Notwendigkeit der Verwendung von Rundfunkapparaten sei das mechanisch-maschinelle Moment der Vervielfältigung der menschlichen Individualleistung gegeben, etwas anders zwar als beim Druck eines Buches, aber nicht in so grundsätzlich abweichender Art, daß der Gedanke des § 11 des Urheberschutzgesetzes davor haltzumachen hätte. Durch die Zwischenträgerschaft des Rundfunkapparates sei eine Möglichkeit gegeben, die natürlicherweise unzulängliche Ausdehnungsfähigkeit des menschlichen Vortrags durch mechanische Mittel zu erreichen. Es liege hier eine Wirkung vor ähnlich wie beim Grammophon oder auch beim Buch. Anschließend betont Elster die große juristische Sicherheit, welche die Vervielfältigungstheorie ergebe, und bringt dafür in längeren Ausführungen verschiedene Beweise.

Das Reichsgericht hat in seiner schon wiederholt angeführten Entscheidung die Frage, ob Sendung durch Rundfunk eine Vervielfältigung des Werkes sei, offen gelassen. Das Landgericht und das Oberlandesgericht hatten in beiden Streitfällen[44]) angenommen, die Sendung eines Schriftwerkes im Rundfunk falle nicht unter den Gesetzesbegriff der Vervielfältigung, denn nach der bisherigen Gesetzesauslegung, die mit dem Sprachgebrauch und der Verkehrsanschauung übereinstimme, sei dafür erforderlich, daß eine Mehrzahl einander gleichender, körperlicher Erscheinungsformen einer Sache oder eines Geisteswerkes der Urform nachgebildet werde[45]). Das Reichsgericht scheint dieser Ansicht nicht unbedingt beizutreten, denn es läßt dahingestellt, „ob wirklich der allgemeine Sprachgebrauch des Volkes und des Schrifttums zu jener Einschränkung (auf die Herstellung sinnlich wahrnehmbarer körperlicher Gegenstände) nötige[46])." Der Sprachgebrauch habe „häufig und schon seit Jahrhunderten ‚vervielfältigen' auch

---

[44]) H. v. Hofmannsthals dramatischer Einakter „Der Tor und der Tod" und G. Hauptmanns Traumdichtung „Hanneles Himmelfahrt" waren ohne Lizenz im Rundfunk gesendet worden.

[45]) Vgl. Müller, „Der Spruch des Reichsgerichts im Rundfunkstreite" in Mitteilungen der deutschen Studiengesellschaft für Funkrecht, Nr. 1 vom Juli 1926.

[46]) Entscheidung des Reichsgerichts vom 12. Mai 1926, I. 287/1925 und I. 422/1925. Siehe Anhang I.

in verschiedenster bildlicher, geistige Vorgänge mit umfassender Bedeutung, also keineswegs nur in körperlich-gegenständlichem Sinne verwendet[47])."

Ziehen wir die jüngste Entwicklung der Rundfunktechnik in Betracht, so scheint die aufgeworfene Frage einer entschiedenen bejahenden Lösung erheblich näher gerückt zu sein. Elster erwähnt schon[48]) die Folgen, welche die Einrichtung von Vorrichtungen zum Festhalten der Rundfunkdarbietungen für die Rechtsprechung bringen würde und sagt[49]): „Dann ist auf einmal das Recht des Urhebers an der ‚Sendung' gesichert und unantastbar, und zwar durch einen technischen Fortschritt. Mag sein, daß die Sendungen dann noch beeinträchtigender für die Dichter und für die Künstler werden — aber hat sich dadurch im innersten Rechtssinne so viel geändert, daß alsdann erst unerlaubt wird, was vorher erlaubt war (in Österreich) oder erlaubt gewesen wäre (in Deutschland), wenn man nicht den Ausweg der Verbreitungstheorie entbrettert hätte?!"

Es kann kein Zweifel sein, daß nach neuestem Stande der Technik die Vervielfältigungstheorie mit als sicherster Schutz der Belange der Urheber im alten Gesetz gelten darf. Die Frage, ob Rundfunk eine Vervielfältigung eines Werkes sei, ist demnach zu bejahen.

Dahingestellt mag bleiben, ob die Lösung sehr glücklich ist. Gewiß, nach geltendem Recht ist sie die zuverlässigste und wohl auch juristisch am wenigsten anfechtbare. Aber sie wird in Konkurrenz mit der Bearbeitungstheorie kommen, und darum ein Danaergeschenk für die Urheber sein. Um dieses zu vermeiden, wird sich eine Festlegung des Bearbeitungsbegriffes für den Rundfunk unter Ausschaltung der Bestimmungen über die Erteilung von Zwangslizenzen in einem neuen Gesetz notwendig erweisen, und dann erst wird man von einer Sicherung des Urheberrechtsschutzes im Rundfunk sprechen können.

---

[47]) Entscheidung des Reichsgerichts vom 12. Mai 1926, I. 287/1925 und I. 422/1925. Siehe Anhang I.

[48]) Archiv für Funkrecht 1928, S. 213 ff.

[49]) A. a. O.

4. Ist die Aussendung eines Werkes im Rundfunk ein Vortrag?

Die ausschließliche Befugnis des Urhebers eines Schriftwerkes oder Vortrages, das Werk öffentlich vorzutragen, gilt nur so lange, als das Werk noch nicht erschienen ist. Nach dem Erscheinen eines solchen Werkes ist jedoch der Vortrag für jedermann frei. Die Entscheidung darüber, ob Rundfunksendung als Vortrag eines Werkes anzusehen ist, hat daher eine außerordentliche Tragweite, denn mit der Bejahung dieser Frage fällt der Urheberrechtsschutz im Rundfunk für alle erschienenen Werke.

„Vorgetragen wird ein Werk, indem es zur sinnlichen Erscheinung für das Ohr gebracht wird, ohne daß der Begriff der Aufführung vorliegt[50])." Es ist gleichgültig, ob die zur Aufnahme für das Gehör bestimmte öffentliche Wiedergabe durch mündliche Rede, durch Deklamation oder durch ein künstliches Sprechinstrument erfolgt[51]), also durch einen die menschliche Stimme ersetzenden Gleichwert[52]).

Danach ist auch die Rundfunkwiedergabe nach älterem Stande der Technik ein Vortrag, und die Wiedergabe erschienener Werke ist vollkommen frei, wird der Laie auf Grund der vorerwähnten Begriffsbestimmungen sagen. In der Tat hat diese Folgerung etwas Bestechendes für sich, und in der Rechtswissenschaft finden sich namhafte Vertreter der Vortragstheorie, der sich auch die österreichische Rechtsprechung angeschlossen hat.

Für die Theorie läßt sich zunächst der Sprachgebrauch ins Feld führen, denn wenn sogar der Rundfunksprecher am Mikrophon einen „Vortrag" über ein bestimmtes Thema, der von einer bestimmten Person gehalten wird, ankündigt, so liegt darin doch ein deutlicher Hinweis, wie sehr dieses Wort zur Bezeichnung einer gewissen Art von Rundfunkdarbietungen sich eingebürgert hat.

---

50) Allfeld, Kommentar, S. 121, 122.

51) Vgl. Riezler, S. 295, 260.

52) Vgl. Kohler, Urheberrecht, S. 182, 183.

Es lassen sich aber auch eine Reihe wissenschaftlicher Gründe ins Feld führen, welche zugunsten der Vortragstheorie sprechen. Als bedeutender Vertreter dieser Auffassung ist Hoffmann zu nennen, dessen Beweismittel hier kurz angeführt seien[53]). Er betont, daß das deutsche Urheberrecht im Gegensatz zum französischen Rechte kein sogenanntes Vollrecht kennt, sondern nur eine Summe urheberrechtlicher Befugnisse. Die urheberrechtlichen Befugnisse sind in Deutschland genau normiert. Hätte der Gesetzgeber eine Gleichsetzung mit dem Vollrecht des französischen droit d'auteur beabsichtigt, so hätte er nicht durch eine Novelle das literarische Urheberrechtsgesetz ergänzen müssen, sondern er hätte es der Rechtsprechung überlassen können, die bestehenden Auslegungslücken zu schließen. Da er dies nicht tat, folgt, daß das Gesetz eine erschöpfende Darstellung der urheberrechtlichen Befugnisse enthält, und daß infolgedessen durch die Einführung des Rundfunks eine Gesetzeslücke entstanden ist, die nur wieder durch gesetzliche Regelung, nicht aber durch erweiterte Auslegung, geschlossen werden kann. Ein weiteres Argument erblickt Hoffmann im Wesen des Vortrages. Während nämlich eine Verbreitung das Vorhandensein von Vervielfältigungsexemplaren voraussetzt und ein vom Verbreiter verschiedener Dritter zur Kenntnisnahme bereit und fähig sein muß, ist dies beim Vortrag durchaus nicht der Fall. Hier genügt das Tätigwerden des Vortragenden, während die Aufnahme durch andere, vom Vortragenden verschiedene Personen, für den Begriff des Vortrages gleichgültig ist. Darum liegt auch bereits ein Vortrag im gesetzlichen Sinne vor, wenn der Sprecher am Mikrophon tätig wird. Für den Begriff dieser Wiedergabe wird nicht verlangt, daß irgend jemand die Sendung aufnimmt. Hoffmann kommt zu dem Schluß, daß die Wiedergabe eines literarischen Werkes im Rundfunk ein Vortrag sei und daß daher, solange nicht der Gesetzgeber die Lücke des Gesetzes geschlossen habe, die funkmäßige Wiedergabe eines erschienenen Werkes als dessen Vortrag für zulässig anzusehen sei. Allerdings gibt Hoffmann auch zu, es bleibe abzuwarten, ob die von ihm ver-

---

[53]) Vgl. Dr. W. Hoffmann, „Die Vortragstheorie" im Archiv für Funkrecht 1928, S. 228 ff.

tretene Vortragstheorie vom rechtspolitischen Standpunkt aus richtig ist.

Eine ähnliche Auffassung wie Hoffmann vertritt der Oberste Gerichtshof der Republik Österreich in seiner Entscheidung vom 28. November 1927[54]). Auch er stellt fest, daß das Urheberrechtsgesetz es vermeidet, eine Definition des Urheberschutzbegriffes zu geben. Der Umfang der Auswirkung des Rechts müsse daher aus den im Gesetz enthaltenen Einzelbestimmungen entnommen sein. Er habe in den Bestimmungen des Gesetzes eine erschöpfende Feststellung gefunden, „indem dort taxativ angegeben wird, welche Berechtigungen dem Schöpfer der einzelnen Arten der unter Urheberrechtsschutz stehenden Werke zustehen." Der Urheber habe das ausschließliche Recht, das Werk zu veröffentlichen, zu vervielfältigen, zu vertreiben, zu übersetzen, zur mechanischen Wiedergabe für das Gehör oder zur Darstellung des Inhalts durch die Kinematographie zu verwerten, ferner, solange das Werk noch nicht erschienen ist, es öffentlich vorzutragen. Das Werk, dessen Wiedergabe im Rundfunk Anlaß zur Klage gegeben habe, sei aber unbestritten seit vielen Jahren durch Erscheinen im Buchhandel veröffentlicht worden. Das Gericht belegt dann mit Beweisgründen, daß weder eine Wiedergabe des Werkes im Rundfunk möglich sei (nach damaligem Stande der Technik), noch auch ein Vertreiben des Werkes vorliege. Der Schutzanspruch sei deshalb abzulehnen. Die Erörterung der Frage, ob eine Wiedergabe durch Rundfunk als Vortrag anzusehen ist oder nicht, sei für die Entscheidung ohne Belang. „Denn auch dann, wenn diese Frage — nach Ansicht des Revisionsgerichts mit Unrecht — verneint würde, läge dem Ausgeführten zufolge doch ein Eingriff im Sinne des § 21 URG. nicht vor." Der österreichische Oberste Gerichtshof bekennt sich also ausdrücklich zur Vortragstheorie.

Im Gegensatz dazu hat das Reichsgericht in seinem Urteil vom 12. Mai 1926[55]) die Anschauung der Vorinstanzen gebilligt, wonach die Sendung durch Rundfunk nicht unter den „öffent-

---

[54]) Aktenzeichen C. X. 2690/26. Vgl. Anhang II.

[55]) A. a. O. Vgl. auch Mitteilungen der deutschen Studiengesellschaft für Funkrecht Nr. 1/1926, S. 18 ff.

lichen Vortrag“ im Sinne des § 11 des Urheberschutzgesetzes falle. Das Reichsgericht anerkennt zwar, daß das Sprechen im Senderaum gewisse äußere Ähnlichkeit mit einem öffentlichen Vortrag aufweise. Es sei jedoch notwendig, die Vorschrift des § 11 Abs. 3 einschränkend auszulegen. Maßgebend waren rechtspolitische Gründe. Es entscheide der Grundsatz, daß dem Schöpfer des Schriftwerkes dessen volle wirtschaftliche Ausbeute zukommen solle. Ausnahmen davon seien bestimmt begrenzt und geregelt. Man wolle dem Urheber keine beträchtliche Einbuße zumuten. Durch den Rundfunk würde dem Urheber aber starke wirtschaftliche Beeinträchtigung drohen. Wenn aber die Möglichkeit schweren Schadens für die Urheber bestehe, „so hat die Gesetzgebung das ihrige zur Verhütung zu tun.“ Ein wesentlicher Unterschied zwischen einem Vortrag und der Sendung durch Rundfunk bestehe im Umfange des Wirkungsbereiches. Während beim öffentlichen Vortrag die Zahl der Hörer zwar begrifflich nicht begrenzt, tatsächlich jedoch auf einen beschränkten Personenkreis eingeengt sei, seien beim Rundfunk die räumlichen Schranken der Wirkung fast völlig aufgehoben. „Diese Wirkung des Rundfunks in weiteste Ferne und an Mengen von Menschen, denen, wenn sie versammelt wären, keine Stimme sich durchaus vernehmlich machen könnte, weicht so von aller früheren Erfahrung und Vorstellbarkeit ab, daß rechtliche Gleichbehandlung mit einem öffentlichen Vortrag abzulehnen ist[56]).“ Neben diesen Hauptunterschieden läßt das Reichsgericht zur Verstärkung seiner Beweisführung noch verschiedene andere von geringerer Bedeutung gelten. So fehle beim Rundfunkvortrag die Wechselwirkung zwischen Sprecher und Hörer. Die Zahl der Hörer, ihre Stimmung und der Eindruck des Vortrages auf sie bleibe dem Sprechenden verhüllt. Alle diese Momente führen das Reichsgericht zu dem Schluß, daß die Sendung im Rundfunk kein öffentlicher Vortrag im Sinne des § 11 Abs. 3 des Urheberschutzgesetzes sei.

Die gleiche Ansicht vertritt[57]) auch Neugebauer, und seine Gründe decken sich mit denen, welche das Reichsgericht an-

---

[56]) A. a. O. Vgl. auch Mitteilungen der deutschen Studiengesellschaft für Funkrecht Nr. 1/1926, S. 18 ff.

[57]) Neben Abel, Goldbaum, Smoschewer u. a.

führt. Auch er stellt die rechtspolitische Tendenz und den Unterschied im Wirkungsbereich in den Vordergrund seiner Erwägungen.

Es muß zugegeben werden, daß die Begründung des Reichsgerichtes nicht in allen Teilen als unangreifbar bezeichnet werden kann, und deshalb wurde sie von den Anhängern der Vortragstheorie[58]) und auch vom Standpunkt der Vervielfältigungstheorie[59]) aus heftig angegriffen.

Durch die jüngste Entwicklung der Rundfunkempfangstechnik ist die ganze Streitfrage überholt. Denn wenn auf Seite der Teilnehmer eine Vorrichtung entsteht, die eine Wiedergabe der Darbietungen zu beliebiger Zeit gestattet, kann bei der Rundfunksendung nicht mehr von einem bloßen Vortrag die Rede sein. Das Urteil des österreichischen Obersten Gerichtshofes hat es ausdrücklich als Kennzeichen der Radiosendung festgestellt, daß nach dem Anhören der Darbietung keine Möglichkeit einer Wiederholung bestehen bleibt. Fällt diese Voraussetzung, so fällt auch die ganze darauf aufgebaute Beweisführung. Auch die deutsche Rechtsprechung hat es nicht mehr nötig, zur Frage des Vortrages im Sinne des § 11 Abs. 3 Stellung zu nehmen, denn es treten durch die neuen Erfindungen Momente hinzu, die ein völlig verändertes Bild ergeben. Der Schutz der Urheberrechte wird sich in Zukunft auf andere Gesetzesbestimmungen stützen müssen wie bisher, und die Prüfung, ob ein Vortrag vorliegt oder nicht, wird damit gegenstandslos, d. h. sie wird eo ipso verneinend zu entscheiden sein. Der Rundfunk hat durch seine Entwicklung den Streit um diese Frage von selbst beendet.

5. Ist Sendung im Rundfunk eine öffentliche Aufführung?

„Das Urheberrecht an einem Bühnenwerk oder an einem Werke der Tonkunst enthält auch die ausschließliche Befugnis, das Werk öffentlich aufzuführen.“ Es entsteht nun die Frage, ob auf die Sendung eines Bühnenwerkes oder eines Werkes

---

[58]) Hoffmann, Osterrieth u. a. Vgl. Abschn. 4.

[59]) Besonders Elster, vgl. Abschn. 3.

der Tonkunst im Rundfunk diese Bestimmungen des § 11 Abs. 2 angewendet werden können.

Der Kernpunkt liegt darin, ob der Rundfunkteilnehmer die Wiedergabe als Aufführung empfinden kann oder nicht.

Reiche vertritt[60]) die Ansicht, daß die Übertragung eines Bühnenwerkes oder eines Werkes der Tonkunst „zweifellos nicht im eigentlichen Sinne" eine öffentliche Aufführung sei. Denn „zum Begriffe der Aufführung eines dramatisch-musikalischen Werkes wie der anderer Bühnenwerke gehört sichtbare Darstellung durch mimische Handlungen, diese liegt aber bei dem bisherigen Stande der Funktechnik sicherlich nicht vor."

Auch Müller[61]) ist der Ansicht, daß die „Aufführung" eines Bühnenwerkes nicht bloß zum Ohr, sondern auch zum Auge eines Menschen sprechen müsse. Die rundfunkmäßige Wiedergabe eines Bühnenwerkes, auch wenn sie mit verteilten Rollen erfolge, sei doch nur Aufführungs„ersatz". Daß es sich um eine Aufführung, sei es auch nur eine unvollkommene, handele, müsse verneint werden. Aufführung bedürfe der Verbindung hörbarer mit sichtbaren Eindrücken, also der Augenwahrnehmung des Bühnenvorgangs.

Eine gegensätzliche Auffassung vertritt das Reichsgericht in der Entscheidung vom 12. Mai 1926[62]), allerdings für den besonderen Fall[63]). Das Bühnenwerk sei mit verteilten Rollen im Senderaum gesprochen worden, also habe eine der Zweckbestimmung entsprechende Verwertung stattgefunden. Wenn auch bei der gewöhnlichen Aufführung eines Bühnenwerkes zur Sprache der Schauspieler noch ihr Mienen- und Gebärdenspiel, ihre Kleidung und die durch die Szene erreichte Veranschaulichung am Orte der Handlung trete, so werde doch das Wesen einer Aufführung schon durch das Sprechen mit verteilten Rollen in gewissem Umfang erreicht, „obschon Dekorationen, Kostüme, und sonstiger theatralischer Apparat voll-

---

[60]) Vgl. Reiche, S. 52.

[61]) Vgl. Dr. G. Müller, „Der Spruch des Reichsgerichtes im Rundfunkstreite". Mitteilungen der deutschen Studiengesellschaft für Funkrecht, Nr. 1/1926, S. 9 ff.

[62]) Vgl. Anhang I.

[63]) G. Hauptmanns Traumdichtung „Hanneles Himmelfahrt".

ständig fehlen[64]"). Eine Aufführung verliere diesen ihren Charakter nicht dadurch, daß sie rundfunkmäßig wiedergegeben werde. „Auch dem Rundfunkteilnehmer klingen, wenngleich abgeschwächt, die verschiedenen Stimmungen mit ihrem Tonfall im Ohr und erwecken in ihm, wenn auch nicht in gleicher Vollendung wie im Theater, den Eindruck, daß die ... Handlung sich vor ihm abspielt. Er wird in gleichem Umfange in den Bann der Handlung gezogen werden, wie ein blinder Theaterbesucher. Auch eine unvollkommene öffentliche Aufführung steht nach § 11 UG. allein dem Verfasser des Bühnenwerkes zu[65])." Allerdings kann nach Auffassung des Reichsgerichts die Frage, ob eine öffentliche Aufführung vorliege, nur von Fall zu Fall je nach der Art des Stückes und seiner Wiedergabe entschieden werden.

Neugebauer ist ebenfalls der Ansicht wie das Reichsgericht, daß die sendespielmäßige Wiedergabe eines Bühnenwerkes oder dramatischen Schriftwerkes mit verteilten Rollen als eine „öffentliche Aufführung" im Sinne des § 11 Abs. 2 des Urheberschutzgesetzes zu bezeichnen sei[66]). Das Kennzeichen einer Aufführung sei die „Wiedergabe durch handelndes Auftreten von Personen mit verteilten Rollen in szenischer Darstellung, während der übrige theatralische Apparat, besonders Kostümierung, fehlen kann[67])". Die gleiche Ansicht vertreten Allfeld[68]), Goldbaum, Riezler u. a. Nachdem bei der Wiedergabe eines Bühnenwerkes im Senderaum das Vorführungsmittel in akustisch wahrnehmbarer Weise so weit ersetzt und ergänzt werde, daß dem Hörer ein möglichst getreuer Eindruck bühnenmäßiger Aufführung vermittelt werde, müsse diese Art der Darbietung als „Aufführung" nicht als bloßes „Vorlesen" betrachtet werden.

---

[64]) Vgl. Dr. G. Müller, „Der Spruch des Reichsgerichtes im Rundfunkstreite". Mitteilungen der deutschen Studiengesellschaft für Funkrecht, Nr. 1/1926, S. 9 ff.

[65]) Reichsgerichtsentscheidung vom 12. Mai 1926, siehe Anhang I. Vgl. auch Mitteilungen der Deutschen Studiengesellschaft für Funkrecht, Heft 1/1926, S. 22, 23.

[66]) Vgl. Neugebauer, S. 152, 153.

[67]) A. a. O.

[68]) Vgl. Allfeld, Kommentar, S. 118.

Daß die Aufführung im Senderaum „öffentlich" ist, kann einem Zweifel kaum unterliegen. Nach der Definition des Begriffes „öffentlich" von Voigtländer muß die Teilnehmerschaft am Rundfunk als „Öffentlichkeit" bezeichnet werden. Denn wenn man auch annehmen wollte, daß diese 2½ Millionen Menschen eben durch ihre Teilnahme am Rundfunk eine Art Gemeinschaft bilden, so ist es doch jedem anheimgegeben, ob er eine Darbietung hören will oder nicht. Außerdem kann ja jeder Teilnehmer einer nicht bestimmten Anzahl von Personen das Abhören einer Darbietung an seiner Empfangsanlage ermöglichen. Man kann den Kreis der Zuhörer also nach außen nicht bestimmt abgrenzen, so daß der Rundfunkteilnehmerschaft die Merkmale, welche zur Verneinung der Öffentlichkeit führen, entschieden fehlen. Auch die Tatsache, daß die Wiedergabe eines Stückes im Senderaum erfolgt und dieser nur einem ganz bestimmten Personenkreis zugänglich ist, ändert nichts an der Öffentlichkeit der Aufführung, da sich die Wiedergabe nicht an jenen Personenkreis wendet, sondern an die Öffentlichkeit der Rundfunkteilnehmerschaft.

Bei Übertragungen von Aufführungen aus Theatern usw. auf den Rundfunk liegen die Verhältnisse einfacher. Denn „die eine Aufführung wird dadurch nicht zu mehreren, daß die Möglichkeit, sie anzuhören, etwa durch telephonische Verbindung, auch für Personen besteht, die nicht im Saale anwesend sind[69]). Die Rundfunkübertragung ist der telephonischen Verbindung gleichzuachten, wenn auch der Kreis der Zuhörer erheblich größer und der Zahl nach noch unbestimmbarer ist. Auf die theaterrechtliche Seite der Angelegenheit kann hier nicht näher eingegangen werden[70]).

Mit dem Einsetzen der neuesten Fortschritte der Rundfunkempfangstechnik wird die Frage der Wiedergabe von Bühnenwerken und Werken der Tonkunst nach der im 1. Abschnitt vorgeschlagenen Form in Anlehnung an den § 12 Abs. 2 Nr. 5 des Gesetzes gelöst werden müssen. Die Übertragung des Werkes auf Vorrichtungen zur mechanischen Wiedergabe

---

[69]) Riezler, S. 284, 285.

[70]) Eine Darlegung dieser Frage findet sich in dem Artikel „Rundfunk und Bühne" von Privatdozent Dr. jur. F. List im Archiv für Funkrecht 1928, S. 115 ff.

des Werkes für das Gehör wird dann den Angelpunkt für alle urheberrechtlichen Fragen bilden. Es läßt sich voraussehen, daß die veränderten Verhältnisse im Rundfunk auch für die theaterrechtliche Beurteilung und Lösung des Problems manche Schwierigkeiten ergeben werden, doch steht diese Sache außerhalb des Rahmens der vorliegenden Arbeit.

Für die Lösung der Frage, ob die Wiedergabe eines Bühnenwerkes oder eines Werkes der Tonkunst im Rundfunk eine öffentliche Aufführung sei, ist die Entwicklung des Rundfunks von untergeordneter Bedeutung. Die Frage wird auch in Zukunft von Fall zu Fall entschieden werden müssen, wenngleich ihr durch die veränderten Verhältnisse vielleicht nicht mehr das Gewicht zukommt, wie vordem. Eine Umwälzung und eindeutige Entscheidung für die „Aufführung“ kann erst die Einrichtung des drahtlosen Fernsehens bringen, doch läßt sich heute noch nicht voraussagen, bis zu welchem Zeitpunkt diese Erfindung praktische Bedeutung gewinnen wird.

6. Ist der Rundfunk eine gewerbsmäßige Tätigkeit?

Zum Schluß des aufgeworfenen Fragenkomplexes soll noch kurz erörtert werden, ob der Rundfunk als gewerbsmäßige Tätigkeit betrachtet werden kann und wer als Ausübender dieser Tätigkeit bezeichnet werden muß. Wäre nämlich das Rundfunken eine „nichtgewerbsmäßige Verbreitung“, so wäre auch die Sendung geschützter Werke zulässig.

„Gewerbsmäßig ist die Verbreitung, wenn sie als Ausfluß einer auf fortgesetzten Erwerb gerichteten Tätigkeit erscheint[71]).“ Als eine solche Tätigkeit stellt sich die Verbreitung der Darbietung durch Rundfunk durch die Sendegesellschaft zweifellos dar. Denn einmal ist es der ausschließliche Zweck dieser Gesellschaften, das Programm zusammenzustellen und die Ausführung der Darbietungen im Senderaum zu bewirken. Ferner aber erhalten die Gesellschaften für ihre Tätigkeit einen Betrag aus den Gebühren der Rundfunkteilnehmer, und dieser Betrag stellt für die Sendegesellschaften einen Erwerb dar, wenn er auch auf interner Regelung zwischen Reichspost und Sendegesellschaften beruht und den Rundfunkteil-

---

[71]) Allfeld, Kommentar, S. 113.

nehmern gegenüber nicht als Entschädigung für die Leistung der Sendungen in Erscheinung tritt. Die Gesellschaften können einen, wenn auch begrenzten Gewinn ausschütten, und damit sind wohl alle Bedingungen erfüllt, daß das Rundfunken als Erwerbstätigkeit bezeichnet werden kann.

Es wäre noch zu prüfen, ob nicht die Deutsche Reichspost die gewerbsmäßige Tätigkeit des Rundfunkens vornimmt. Wie jedoch bereits in der Einleitung auseinandergesetzt wurde, stellt die Deutsche Reichspost nur ihre technischen Einrichtungen den Sendegesellschaften in der Weise zur Verfügung, daß diese ihre Darbietungen, für die sie und nicht die Reichspost verantwortlich sind, mittels der Einrichtungen der Deutschen Reichspost aussenden können. Die Deutsche Reichspost übt eine Tätigkeit in ähnlicher Art aus wie der Buchdrucker oder der Buchbinder, der ein Werk in die gewünschte wahrnehmbare Form bringt. Der Gebührenanteil, den die Deutsche Reichspost für sich behält, stellt keinen „Erwerb" für die Reichspost dar, sondern eine Gebühr für die Genehmigung an die Rundfunkteilnehmer auf Grund des § 2 des Gesetzes über Fernmeldeanlagen[72]). Seitens der Deutschen Reichspost liegt also bei der Aussendung der Rundfunkdarbietungen keine auf fortgesetzten Erwerb gerichtete Tätigkeit vor. Diese Auffassung ist durch die Rechtsprechung bestätigt worden[73]).

Für die Sendegesellschaften stellt sich der Rundfunk als gewerbsmäßige Tätigkeit im Sinne des Urheberschutzgesetzes dar.

III. Der Schutz des Urheberrechtes nach der herrschenden Rechtsauffassung.

Nachdem im vorangegangenen Abschnitt die verschiedenen Theorien dargelegt wurden, welche für eine juristische Bestimmung des Begriffes „Rundfunk" aufgestellt worden sind, soll im folgenden die praktische Auswirkung des Urheberrechtsschutzes im Rundfunk Erörterung finden. Dabei muß

---

[72]) Vom 14. Januar 1928, Amtsblatt des Reichspostministeriums Nr. 8, 1928.

[73]) Vgl. Neugebauer, S. 151.

zunächst der ältere Stand der Technik zur Grundlage genommen werden, doch soll im Abschnitt 2 auch die Lage untersucht werden, welche für die Urheber durch die neuesten Erfindungen im Rundfunk entstanden ist.

1. Der Urheberrechtsschutz unter Zugrundelegung des älteren Standes der Rundfunktechnik.

Die Bearbeitungstheorie kommt nach der herrschenden Meinung[1]), insbesondere auch nach der maßgebenden Rechtsprechung, für die Rundfunkübertragung nicht in Frage. Man geht hierbei von der nach dem älteren Stande der Rundfunktechnik richtigen Tatsache aus, daß auf seiten des Rundfunkteilnehmers keine körperliche Vorrichtung entsteht, welche ein Festhalten und eine spätere Wiedergabe der Darbietungen gestattet. Den Fall des Anschlusses eines Telegraphons, der ja auch schon früher möglich gewesen wäre, läßt die Rechtsprechung außer Betracht, während er in der Rechtswissenschaft (Neugebauer!) als ein mit der Rundfunkübertragung nicht unmittelbar zusammenhängender Erfolg, vielmehr als eine besondere Handlung des Rundfunkteilnehmers betrachtet wird, die ihrerseits auch besondere Rechtsverhältnisse zwischen dem Teilnehmer und dem Urheber zur Folge hat.

Die Vortragstheorie wird in der Rechtswissenschaft lebhaft vertreten, in der deutschen Rechtsprechung abgelehnt, in der österreichischen dagegen zwar nicht positiv angenommen, immerhin aber in einer mehr zustimmenden als ablehnenden Unentschiedenheit offengelassen. Da der Vortragstheorie eine besondere Bedeutung zukommt, weil durch sie ein ziemlich großes urheberrechtliches Gebiet je nach Ablehnung oder Annahme gedeckt oder freigegeben wird, tobt darüber ein heftiger Kampf sowohl in als außerhalb der Wissenschaft. Praktisch ist durch die Rechtsprechung im verneinenden Sinne über die Vortragstheorie mit Bezug auf den Rundfunk entschieden.

Die Vervielfältigungstheorie ist durch die deutsche oberste Rechtsprechung offengelassen worden. Es muß jedoch zugegeben werden, daß die Gründe, welche eine positive Ent-

---

[1]) Mit geringem Widerspruch (Reiche).

scheidung des Reichsgerichts für die Vervielfältigungstheorie verhindert haben, nicht als durchschlagend bezeichnet werden können. Deshalb wird die Entscheidung auch von den Anhängern der Theorie heftig angegriffen, und es wäre wohl die Möglichkeit, daß bei einer neuerlichen Entscheidung über Urheberrechtsfragen im Rundfunk diese Theorie auch vom Reichsgericht angenommen würde.

Die Frage, ob Sendung im Rundfunk eine öffentliche Aufführung sein könne, wurde zwar auf eine Entscheidung von Fall zu Fall beschränkt, für bestimmte Verhältnisse aber bejaht. In der wissenschaftlichen Beurteilung gehen jedoch auch hier die Meinungen auseinander.

Die Stütze für den Urheberrechtsschutz im Rundfunk bildet in der deutschen Rechtsprechung die Verbreitungstheorie. Von den Vertretern anderer Theorien und auch von Anhängern grammatischer Gesetzesinterpretation wird sie zwar bekämpft, das Reichsgericht hat sie aber als tragende Säule seines Urteils angenommen. Alle Fragen des Urheberschutzes im Rundfunk wird man in der Praxis deshalb vom Standpunkt dieser Anschauung aus zu beurteilen haben.

In Österreich ist durch Ablehnung der Verbreitungstheorie der Urheberschutz im Rundfunk für erschienene Werke verneint worden. Allerdings kann in Österreich nicht in dem Sinne von Verbreitungstheorie die Rede sein wie in Deutschland, weil das österreichische Urheber-Schutzgesetz nicht von „verbreiten", sondern von „vertreiben" spricht.

Es soll nun in Kürze zusammengestellt werden, in welcher Weise die verschiedenen urheberrechtlich geschützten Werke in Deutschland den Schutz auch im Rundfunk genießen.

1. Noch nicht erschienene Schriftwerke, Reden, Vorträge, Werke der Tonkunst, Bühnenwerke und Abbildungen wissenschaftlicher oder technischer Art gemäß § 1 Nr. 3 des Urheberschutzgesetzes dürfen ohne Einwilligung des Urhebers oder sonstigen Berechtigten im Rundfunk nicht wiedergegeben werden. Nach § 11 Abs. 1 steht die ausschließliche Befugnis, das Werk zu vervielfältigen und gewerbsmäßig zu verbreiten, dem Urheber zu. Für die drahtlose Verbreitung von Abbildungen wissenschaftlicher oder technischer Art (z. B. Funkbild-Wetterkarte) ist daher die Genehmigung des Berechtigten erforder-

lich. § 11 Abs. 2 wahrt dem Urheber eines Bühnenwerkes oder eines Werkes der Tonkunst die ausschließliche Befugnis, das Werk öffentlich aufzuführen. Auch eine Darbietung im Senderaum ist unter gewissen Voraussetzungen[2]) eine „öffentliche Aufführung". Weiterhin schützt § 11 Abs. 3 den Urheber eines Schriftwerkes oder eines Vortrages, solange das Werk nicht erschienen ist, gegen unbefugten Vortrag. Der § 12 endlich behält dem Urheber das ausschließliche Bearbeitungsrecht vor, so daß also für den Rundfunk hergerichtete, juristisch gesprochen, „bearbeitete" Werke, nur mit Einwilligung des Urhebers gesendet werden dürfen.

2. Für erschienene Werke gilt folgendes: Schriftwerke dürfen nur mit Erlaubnis des Urhebers im Rundfunk wiedergegeben werden. Ihre Sendung gilt nach der Rechtsprechung als „Verbreitung" und steht daher nach § 11 Abs. 1 ausschließlich dem Urheber zu. Ebenso bleibt die Verbreitung von Abbildungen nach § 1 Nr. 3 auf Grund des § 11 Abs. 1 dem Urhber vorbehalten. Werke der Tonkunst genießen auch nach der Veröffentlichung in bezug auf den Rundfunk urheberrechtlichen Schutz. Ihre Wiedergabe gilt zwar nicht als „Verbreitung", aber sie stellt eine „öffentliche Aufführung" dar und ist daher an die Vorschriften des § 11 Abs. 2 gebunden. Auch eine Sendung von Teilen eines erschienenen Werkes der Tonkunst ist ohne Genehmigung unstatthaft. Für Bühnenwerke und dramatische Schriftwerke (z. B. Melodramen) kann entweder der § 11 Abs. 2 oder der § 11 Abs. 1 in Frage kommen, je nachdem die Wiedergabe als „öffentliche Aufführung" oder gemeinhin als „Verbreitung" aufgefaßt wird. In beiden Fällen ist eine Wiedergabe nur mit Einwilligung des Berechtigten erlaubt. Die Herrichtung eines Bühnenwerkes als „Sendespiel" wird oftmals einer „Bearbeitung" im Sinne des § 12 gleichzuachten sein. Jede Bearbeitung eines Werkes, auch wenn dieses bereits erschienen ist, bedarf aber nach § 12 der Genehmigung des Urhebers und ist ohne diese unstatthaft.

In diesem Zusammenhang muß noch die Frage erörtert werden, wer als der Berechtigte für die Verleihung der Sendegenehmigung zu gelten hat. Ihre Bedeutung besteht vor allem

---

[2]) Vgl. S. 38 ff.

für ältere Verträge, die zwischen dem Urheber und einem Verleger oder sonstigen Dritten abgeschlossen wurden mit dem Zwecke, diesem die Ausnutzung des Rechtes zu übertragen. Nun sind zwar noch § 14 dem Urheber eine Reihe von ausschließlichen Befugnissen auch für den Fall der Übertragung des Urheberrechtes durch das Gesetz vorbehalten, sofern nicht ausdrücklich anderes vereinbart wurde, vom Rundfunk ist aber naturgemäß in dem Gesetz noch keine Rede. Es wäre nun zu erörtern, ob die Aufzählung des Gesetzes als vollständig anzusehen ist, die Verfügung über das Urheberrecht bezüglich der Rundfunkwiedergabe daher nicht dem Urheber vorbehalten, vielmehr in der Übertragung der Rechte an den Dritten einbegriffen ist. Die entgegengesetzte Meinung geht dahin, daß zur Zeit des Erlasses des Gesetzes vom Rundfunk noch nichts bekannt war, daß jedoch mit Rücksicht auf die rechtspolitischen Absichten des Gesetzgebers der Schluß gezogen werden könne, der Gesetzgeber wolle dem Urheber auch die sich für ihn ergebenden Vorteile einer neuen Erfindung wahren. Die Erfindung des Rundfunks solle daher dem Urheber zugute kommen, nicht dem für ganz bestimmte Fälle berechtigten Dritten.

Die letztere Auffassung scheint mir die richtigere zu sein. Denn schon aus der Ergänzung des § 14 durch das Gesetz vom 22. Mai 1910 im Hinblick auf die Entwicklung der mechanischen Wiedergabeinstrumente (§ 14 Nr. 4) und der Kinematographie (§ 14 Nr. 5) läßt sich schließen, daß tatsächlich der Gesetzgeber die Nutzung neuer Erfindungen dem Urheber vorbehalten wollte, während die Rechte des Dritten auf die beim Abschluß des Vertrages bestehenden Verhältnisse gegründet sind und keine Erweiterung durch Erfindungen erfahren sollten. Das Recht der Rundfunksendung sollte daher ausschließlich dem Urheber zustehen.

Bei einer gerichtlichen Entscheidung wird es selbstverständlich sehr stark auf den Inhalt des abgeschlossenen Vertrages ankommen, denn es wäre wohl der Fall denkbar, daß nach den Abmachungen dem Berechtigten vom Urheber auch alle in Ansehung einer künftigen Möglichkeit entstehenden Rechte zur Ausnutzung überlassen werden sollten. Das Gericht wird nur da, wo solche Hinweise fehlen oder bestimmte Schlüsse nicht gezogen werden können, nach freiem Ermessen zu entscheiden haben. Früher machte sich die Tendenz der Gerichte bemerkbar, in solchen Fällen zu ungunsten der Urheber zu entscheiden[3]). Neuerdings jedoch ist in der Rechtsprechung eine Wandlung eingetreten. Das Landgericht I Berlin hat in einer Entscheidung vom 3. Februar 1928[4]) zu Recht befunden, daß das Recht der Rundfunksendung dem Urheber vorbehalten bleiben solle. In den Entscheidungsgründen heißt es: „derartige unvorhergesehene und einschneidende Erfindungen und Änderungen der Verbreitungsmöglichkeiten" (wie die Einführung des Rundfunks) „konnten bei Abschluß des Vertrages nicht berücksichtigt werden und daher nicht von Einfluß auf die dem Urheber gewährte und von ihm zu verlangende Vergütung sein. Es entspricht daher weder den Grundsätzen der Billigkeit, noch dem mutmaßlichen Willen der Parteien, daß in solchen Fällen die Vorteile der neuen Erfindung dem Zessionar zufallen sollen, der insoweit ein Entgelt nicht gezahlt hat, Billigkeit und mutmaßlicher Parteiwille sprechen vielmehr dafür, daß die Früchte jeder neuen technischen Möglichkeit dem Urheber bzw. dessen Erben zufallen sollen, da es sich hierbei um eine wirtschaftliche Auswirkung des ursprünglichen Schöpfungsaktes handelt (vgl. hierzu Goldbaum, Urheberrecht, 2. Auflage S. 139 und in der Jur. Wochenschrift 1925, S. 930, Abel in der österreichischen Gerichtszeitung 1925, S. 151 und Smoschewer in den Eisenbahn- und verkehrsrechtlichen Entscheidungen und Abhandlungen, Bd. 43 S. 16[5]). In der Wissenschaft wird ebenfalls die Auffassung, welche in dem angeführten Urteil zum Ausdruck kommt, vertreten[6]). Sie findet sich auch in der ausländischen Rechtsprechung[7]).

---

[3]) Siehe Smoschewer, Eisenbahn- und verkehrsrechtl. Entscheidungen und Abhandlungen, Bd. 43, S. 17. Vgl. Archiv für Funkrecht 1928, S. 189. Ferner Neugebauer, S. 157, Anm. 1.

[4]) 38. A. a. O. 715/1927. Das Urteil ist noch nicht rechtskräftig. Vgl. Archiv für Funkrecht 1928, S. 187.

[5]) A. a. O.

[6]) Vgl. Neugebauer, S. 157.

[7]) Z. B. in England. „A licence does not confer a right." Vgl. das Urteil des Court of Appeal vom 20. Januar 1928. (In Archiv für Funkrecht 1928, S. 248 ff.

Wir können daher wohl sagen, nach herrschender Auffassung bleibe das Recht der Rundfunksendung dem Urheber auch im Falle der Übertragung seiner Urheberrechte vorbehalten, sofern nicht ausdrücklich oder sinngemäß etwas anderes vereinbart worden war. Bei neu abzuschließenden Verträgen dieser Art wird es jedenfalls zweckmäßig sein, einen diesbezüglichen Vorbehalt ausdrücklich aufzunehmen. Für eine Neufassung des Gesetzes bleibt eine Erweiterung des § 14 durch eine Nr. 6, welche die ausschließliche Befugnis des Urhebers zur Sendung seines Werkes im Rundfunk ausdrücklich festlegt, sehr erwünscht.

Wegen der Wirkung der Sendeerlaubnis auf das Theaterrecht wurde bereits kurz auf den Artikel im Archiv für Funkrecht von List verwiesen[8]). Verträge über die Überlassung eines Werkes zur bühnenmäßigen Aufführung schließen das Recht zur Sendung im Rundfunk nicht ohne weiteres mit ein. Für sie gilt das oben über die Übertragung der Urheberrechte Gesagte.

Zu bemerken ist noch, daß eine Sendegesellschaft, welche einen Vertrag zur Wiedergabe eines Werkes im Rundfunk abgeschlossen hat, verpflichtet ist, das Werk zu senden. Die Verpflichtung ist ähnlich derjenigen des Verlegers zur Vervielfältigung und Verbreitung eines Werkes nach § 1 des Gesetzes über das Verlagsrecht[9]).

Eine Verwertung der durch Rundfunk aufgefangenen Darbietungen unterliegt den Bestimmungen des Urheberrechtes. So wäre es selbstverständlich unzulässig, einen im Rundfunk gehaltenen Vortrag etwa durch Druck ohne Genehmigung des Urhebers zu vervielfältigen und gewerbsmäßig zu verbreiten, sofern nicht etwa die Ausnahmen des § 17 Nr. 1 oder Nr. 2 Platz greifen. Auch eine gewerbsmäßige Vorführung der Rundfunkdarbietungen durch Lautsprecher oder Kopfhörer stellt eine „Verbreitung" im Sinne der Entscheidung des Reichsgerichts vom 12. Mai 1926[10]) dar. Von der Sendung als solcher ist sie rechtlich scharf zu trennen, sofern sie als Aus-

---

[8]) Vgl. S. 41 und Anm. 70 S. 41.

[9]) Vom 19. Juni 1901, RGBl. 1901, S. 217.

[10]) A. a. O.

fluß einer auf fortgesetzten Erwerb gerichteten Tätigkeit erscheint. Werden durch die Vorführung geschützte Werke gewerbsmäßig verbreitet, welche von der Sendegesellschaft übertragen werden, so ist dazu eine eigene Genehmigung des Urhebers oder sonstigen Berechtigten erforderlich[11]). Inwieweit Lautsprechervorführungen, welche z. B. von Rundfunkhändlern zum Zwecke der Kundenwerbung ausgeführt werden, als genehmigungspflichtige „gewerbliche Verbreitung" anzusehen sind, mag dahingestellt bleiben. Die Frage dürfte jedoch zu bejahen sein, denn die Vorführungen sind, obwohl unentgeltlich, ein Ausfluß einer auf fortgesetzten Erwerb gerichteten Tätigkeit, indem sie unmittelbar dem Erwerbszwecke dienen sollen.

Die Rundfunkprogramme selbst stellen Werke dar, welche eines Urheberrechtsschutzes fähig sind. Schüller hat dies in einer Abhandlung im Archiv für Funkrecht nachzuweisen versucht und er sagt als Ergebnis seiner Untersuchungen[12]): „Das Rundfunkprogramm ist sowohl, soweit es in den Programmanuskripten seinen Niederschlag findet, wie auch als Gesamtheit des künstlerischen Schaffens einer Rundfunkgesellschaft anzusehen ist, als literarisches Urherrecht des Schutzes fähig." Seinen Ausführungen dürfte nicht zu widersprechen sein.

Es soll jedoch auf Einzelfragen des Urheberrechtes, die durch den Rundfunk aufgetreten sind und deren es noch eine größere Zahl gibt, nicht weiter eingegangen werden.

Wir können zusammenfassend feststellen, daß die Urheber in Deutschland einen weitgehenden Schutz ihrer Rechte auch gegenüber dem Rundfunk genießen. Dennoch ist dieser Schutz nicht unbedingt zuverlässig, denn er beruht wesentlich auf einer Auslegung des Gesetzes durch die maßgebende Rechtsprechung, nicht aber auf dem Wortlaut des Gesetzes selbst. Auslegungen aber können im Laufe der Zeit Änderungen erfahren, je nachdem, welche Meinung als herrschende angesehen werden muß. Nicht unbedenklich ist es auch, daß in dem benachbarten Öster-

---

[11]) Vgl. Le Droit d'Auteur 1925, S. 17, 67 und Neugebauer S. 150.

[12]) Dr. W. Schüller, „Der Schutz des Rundfunk-Programmes" in Archiv für Funkrecht 1928, S. 235 ff.

reich den Urhebern ein Schutzanspruch gegen die Verbreitung ihrer Werke im Rundfunk durch die Entscheidung des Obersten Gerichtshofes abgesprochen wurde. Durch die jüngsten Erfindungen auf dem Gebiete der Rundfunkempfangstechnik sind die ganzen Fragen in ein neues Licht gerückt und erfordern eine andere Beurteilung als früher. Die Wirkungen dieser Erfindungen auf die Rechtslage soll im folgenden näher untersucht werden.

2. Die urheberrechtliche Lage nach den neuesten Erfindungen der Rundfunktechnik

Wir wollen uns nochmals vergegenwärtigen: Als neueste Erfindung auf dem Gebiete der Rundfunktechnik soll die Einführung solcher Apparate verstanden werden, die es gestatten, Darbietungen des Rundfunks aufzunehmen und in der Weise festzuhalten, daß sie zu beliebiger Zeit wiedergegeben werden können. Wie lassen sich dann die verschiedenen Theorien auf den Rundfunk anwenden, wenn am Gesetz nichts geändert wird?

Die Vortragstheorie scheidet damit von vornherein aus. Denn auf seiten der Teilnehmer ist ja nun das Werk in greifbarer Form vorhanden und kann jederzeit wiederholt werden. Die tatsächlichen Ergebnisse der Übertragung des im Senderaum dargebotenen Werkes gehen also über den Begriff des Vortrages weit hinaus. Auch bei grammatischer Auslegung des Gesetzes kann keine Gesetzeslücke mehr festgestellt werden, infolge deren der Rundfunk eine Sonderstellung im Urheberrecht einnehmen könnte. Der Vortragstheorie wird daher durch die Entwicklung der Rundfunktechnik der Boden entzogen.

Die Verbreitungstheorie vermag sich auch bei den veränderten technischen Grundlagen nicht besser durchzusetzen als bisher. Die Gründe dafür wurden bereits angeführt[13]). Der Streit der Meinungen in dieser Frage wird daher keine Entscheidung erfahren und die Verbreitungstheorie nach wie vor ein juristisches Kampffeld bilden.

---

[13]) Siehe S. 28.

Der Vervielfältigungstheorie wird die neue Entwicklung wohl zum Siege verhelfen. Denn wenn die Gegner ihre Anwendung auf den Rundfunk bisher stets als Ausgangspunkt der Beweisführung das Vorhandensein einer körperlichen Sache verlangten, die eine wiederholte, insbesondere hintereinander stattfindende Wahrnehmung ermöglicht[14]), und behaupteten, daß eine solche Sache aber beim Rundfunk nicht entstehe, so wird durch die neue Entwicklung der Technik der frühere Beweis gegen die Vervielfältigungstheorie zum besten Beweismittel für die Vervielfältigungstheorie. Die Urheber werden in ihr einen zuverlässigen Schutz ihrer Rechte gegenüber dem Rundfunk erblicken, zumal sich diese Theorie dann auf den Wortlaut des Gesetzes stützen kann und keiner erweiterten Auslegung bedarf. Durch das Ende des wissenschaftlichen Streites wird auch für die Gerichte eine große Sicherheit entstehen. Während die Entwicklung der Technik die Vortragstheorie entthront hat, bringt sie also der Vervielfältigungstheorie einen Sieg. Aber der Vervielfältigungstheorie gehört das Feld nicht allein, und die Freude der Urheber wird keine ungetrübte sein.

Denn die neue Technik setzt zugleich die Bearbeitungsthorie für den Rundfunk in Wirksamkeit. Diese gewährt aber nach § 12 Abs. 2 Nr. 5 den Urhebern nicht nur einen Schutz, sie stellt ihre Werke zugleich auch unter die Zwangsbestimmungen der §§ 22 mit 22c. Daß mit dieser Folge aus der Entwicklung des Rundfunks zu rechnen ist, beweist sowohl das Urteil des Reichsgerichts vom 12. Mai 1928[15]) wie auch das Urteil des Obersten Gerichtshofes der Republik Österreich vom 28. November 1927[16]). Beide Urteile vermeiden zwar die Anwendungsmöglichkeit auf den Rundfunk, aber die Gründe, welche bei dieser Ablehnung angezogen werden, müssen bei der veränderten Technik zur Annahme der Theorie führen. Tatsächlich werden durch die neuen Erfindungen ja auch alle Bedingungen erfüllt, die das Gesetz zu einer Bearbeitung im Sinne des § 12 Abs. 2 Nr. 5 vorschreibt: „Die Übertragung des Werkes auf Vorrichtungen für Instrumente, die der mechani-

[14]) Vgl. das Zitat aus Neugebauer, S. 29.

[15]) Siehe Anhang I.

[16]) Siehe Anhang II.

schen Wiedergabe für das Gehör dienen, insbesondere auf auswechselbare Scheiben, Platten, Walzen, Bänder und sonstige Zubehörstücke solcher Instrumente." Das Telegraphon arbeitet mit Walzen, der Triërgon-Tonfilm mit einem Filmband, die Kiliani'sche Erfindung mit einem Draht („sonstigen Zubehörstück"), so daß eine andere Gesetzesauslegung wohl nicht denkbar ist.

Die schwierige Frage, der sich die Gerichte wie wohl auch die Gesetzgebung gegenübergestellt sehen werden, ist nun die, ob man eine Ausnahmebestimmung des Gesetzes, die für ganz bestimmte Verhältnisse (nämlich mit Rücksicht auf die deutsche Grammophonindustrie) geschaffen wurde, ohne weiteres auf ein neues anderes Gebiet ausdehnen soll und kann. Diese grundsätzliche Angelegenheit wird im Schlußabschnitt noch näher erörtert werden.

Für die Veranstalter gewerbsmäßiger Vorführungen an Rundfunkdarbietungen bedeutet die Anwendung der Bearbeitungstheorie wesentliche Vorteile. Denn nach § 22a dürfen die Vorrichtungen mit der im § 22 Abs. 1 Satz 2 festgesetzten Beschränkung, die jedoch praktisch kaum Bedeutung hat, ohne eine weitere Erlaubnis zu öffentlichen Aufführungen benutzt werden. Eine Verpflichtung zur Einholung der Genehmigung des Urhebers fällt damit fort und die aufgenommenen Werke können ohne weiteres gewerbsmäßig vorgeführt werden.

Abschließend läßt sich sagen: Wenn auch bisher die Rechte der Urheber im Rundfunk zwar geschützt, aber noch nicht unbedingt gesichert waren, so bringt die neueste Entwicklung der Rundfunktechnik nach geltendem Recht den Urhebern ein Danaergeschenk, das äußerlich das Gesicht eines gesicherten Schutzes zeigt, in Wahrheit aber zu einer Durchlöcherung der Urheberrechte führt. Mögen in Österreich die Urheber vielleicht mit dieser Lösung zufrieden sein: In Deutschland wird durch sie die Stellung der Urheber gegenüber dem Rundfunk erheblich verschlechtert, und keine Auslegung des Gesetzes wird sie dagegen sichern können. Nach dem Wortlaut ist das Gesetz erfüllt, dem Sinne und der rechtspolitischen Grundlage des Gesetzes nach aber zeigt sich gegenüber dem Rundfunk eine Lücke, die nur durch verbesserte Gesetzesgebung geschlossen werden kann.

Schluß.

I. Die Neuregelung des internationalen Urheberrechtes in bezug auf den Rundfunk.

Noch ehe die vorliegende Arbeit zum Abschluß gelangen konnte, hat in Rom eine internationale Juristenkonferenz begonnen[1]), die sich mit der Neuregelung der Revidierten Berner Übereinkunft befassen soll. Die Frage des Urheberrechtsschutzes im Rundfunk wird auf dieser Konferenz eine sehr erhebliche Rolle spielen, und hin und wieder wurde sie sogar als „Rundfunkkonferenz" bezeichnet. Ganz zutreffend erscheint dieser Ausdruck nicht, denn die zur Erörterung aufgeworfenen Probleme beziehen sich zwar großenteils mit auf den Rundfunk, nicht aber ausschließlich auf diesen, sondern umfassen das gesamte Gebiet der durch die Revidierte Berner Übereinkunft behandelten Urheberrechtsfragen.

Wenn auch noch keine Ergebnisse der Romkonferenz vorliegen (die Konferenz wird voraussichtlich noch etwa einen Monat dauern), so ist es doch für die Beurteilung der künftigen internationalen und nationalen Rechtsgestaltung in bezug auf den Rundfunk wichtig, die für die Konferenz eingebrachten Vorschläge in großen Zügen kurz zu erörtern. Leider scheint es mir, daß man bei diesen Vorschlägen auf die neuesten Erfindungen der Rundfunktechnik nicht genügend Rücksicht genommen hat, und es besteht die Gefahr, daß in dem Augenblick, in welchem glücklich die neuen Bestimmungen über den Urheberrechtsschutz im Rundfunk festgelegt sind, durch die Entwicklung der Technik ihre Fassung bereits wieder überholt ist.

Von seiten des „Bureau des internationalen Verbandes zum Schutze von Werken der Literatur und Kunst" wurden für die Romkonferenz im „Droit d'Auteur" bereits gute Vorarbeiten geleistet. Auch in Deutschland hat sich die Rechtswissenschaft lebhaft mit der Frage der Regelung des Urheberrechtsschutzes befaßt[2]). Doch haben die Vorschläge, welche die deutsche Re-

---

[1]) Am 7. Mai 1928.

[2]) Vgl. besonders auch die Artikel im Archiv für Funkrecht 1928.

gierung ihren Vertretern mit nach Rom gegeben hat, von den Interessenverbänden der Urheber eine scharfe Kritik erfahren, und zwar besonders deshalb, weil sie als nicht genügend durch- und ausgearbeitet bezeichnet werden[3]). Die Regierungen anderer Staaten haben demgegenüber Anträge gestellt, die weit besser und genauer formuliert waren.

Daß die rundfunkmäßige Wiedergabe eines Werkes schutzwürdig sei, wird wohl von allen Teilnehmern der Romkonferenz ohne Widerspruch anerkannt werden. Das Berner Bureau und die italienische Regierung haben den Vorschlag eingebracht, die Wiedergabe eines Werkes im Rundfunk in einem Artikel 11 der Revidierten Berner Konvention zu schützen, und es ist bestimmt damit zu rechnen, daß dieser Vorschlag angenommen werden wird.

Wenn die Romkonferenz auf der einen Seite die Urheberrechte der Autoren schützen soll, so muß sie andererseits aber auch den Ansprüchen der Rundfunkhörerschaft aller Länder genügen. Die Rundfunkhörer verlangen aber eine große Abwechslung in den Programmen des Rundfunks. Die Sendegesellschaften oder Sendevereinigungen müssen daher sehr vielseitige Darbietungen bringen, und daraus ergibt sich die Notwendigkeit, auch Werke aus der Literatur, Tonkunst und dramatischen Kunst anderer Länder zu senden. Diese Mannigfaltigkeit der Programme in Verbindung mit der Tendenz des Rundfunks nach Aktualität verursacht große Schwierigkeiten in der Lizenzerwerbung und in der Abrechnung der Urheberhonorare. Die Abwicklung wird dadurch noch schwerfälliger, daß viele Werke für den Rundfunk erst hergerichtet werden müssen und für diese Bearbeitung jeweils wieder eine Genehmigung des Urhebers erforderlich ist.

Die Romkonferenz wird sich diesen praktischen Gesichtspunkten nicht verschließen können und nach einer Vereinfachung der urheberrechtlichen Verhältnisse im Rundfunk streben müssen[4]). Die Entwicklung in den einzelnen Ländern

---

[3]) Vgl. den Artikel „Der Kongreß von Rom und die deutschen Autoren" von Dr. Max Freyhan in der deutschen Allg. Zeitung, Nr. 205/206, 1928.

[4]) Vgl. auch den Artikel „Gedanken vor Rom" von Friedrich Dencker im Archiv für Funkrecht 1928, S. 193 ff.

hat hierfür bereits gewisse Wege gewiesen. In Deutschland wie in anderen Ländern haben sich nämlich die Urheber zu Organisationen zusammengeschlossen, deren Zweck es ist, die Urheberrechte ihrer Mitglieder zu wahren[5]). Diese Organisationen haben mit den Sendegesellschaften und -vereinigungen[6]) Pauschalverträge für die Erteilung der Sendelizenzen und die Einziehung der Honorare abgeschlossen, wodurch eine wesentliche Vereinfachung im Verkehr zwischen Urhebern und Lizenznehmern eingetreten ist. Leider scheinen bei manchen derartigen Organisationen nicht nur gemeinnützige Gesichtspunkte eine Rolle zu spielen[7]). Jedoch liegt in den Zusammenschlüssen der Urheber auch eine wirtschaftliche Gefahr, nämlich die, daß die Organisationen durch Vertrustung sich eine monopolartige Stellung in bezug auf die Verwertung der geistigen Güter einer Nation erwerben und diese Monopolstellung mißbrauchen könnten[8]). Diese Möglichkeit liegt um so näher, als die Summen, welche von den Urheberorganisationen verrechnet werden, sehr erheblich sind[9]). Man wird deshalb versuchen müssen, die Sendegesellschaften gegen die Ausbeutung seitens der Autorenverbände durch die Fassung des Gesetzes zu schützen.

Ein Mittel dieser Art wäre die Verpflichtung zur Erteilung einer Lizenz gegen Bezahlung einer angemessenen Gebühr. Der Gedanke wurde schon auf dem (privaten) zweiten

---

[5]) Von den deutschen Organisationen seien genannt: Genossenschaft deutscher Tonsetzer, Berlin; Genossenschaft zur Verwertung musikalischer Aufführungsrechte, E. G. m. b. H., „Gema", Berlin; Gesellschaft für Senderechte, m. b. H., Berlin; Schutzverband deutscher Schriftsteller E.V., Berlin: Vereinigung der Bühnenverleger, Berlin u. a.

[6]) In Deutschland mit der Reichs-Rundfunk-Gesellschaft m. b. H. als Vertreterin der deutschen Sendegesellschaften und mit der selbständigen Deutschen Stunde in Bayern m. b. H.

[7]) Die deutsche Gesellschaft für Senderechte m. b. H., behält 30 v. H. des Urheberhonorars für ihr Inkasso zurück! Vgl. „Funk", 1928, Nr. 16, S. 128.

[8]) Vgl. dazu Archiv f. Funkrecht 1928, S. 198.

[9]) Die Reichs-Rundfunkgesellschaft bezahlte im Jahre 1927 etwa 1,4 Millionen Reichsmark Lizenzgebühren. Vgl. Bredow, a. a. O., S. 141. Im französischen Rundfunk betragen die Autorenhonorare etwa 1.— RM. pro Sendeminute. Vgl. „Funk" 1928, Nr. 16, S. 124. Auch in England werden hohe Summen für die Lizenzen bezahlt.

internationalen Funkrechtskongreß in Genf erwogen[10]). Die Schwierigkeiten für die Zwangslizenz liegen darin, daß man dem Urheber nicht das Recht versagen will, eine Sendung seines Werkes im Rundfunk zu verbieten. Denn er kann sehr wohl Gründe haben, deretwegen er die Wiedergabe im Rundfunk überhaupt oder an bestimmten Sendern verhindern will. Es müßte deshalb die Möglichkeit vorbehalten bleiben, daß trotz der generell bestehenden Verpflichtung zur Erteilung von Zwangslizenzen der Autor beim Vorliegen besonderer Gründe die Lizenzerteilung verweigern könnte. Allen diesen Wünschen sucht der norwegische Vorschlag für die Romkonferenz gerecht zu werden. Er lautet[11]): „Les auteurs d'oeuvres littéraires et artistiques jouissent du même droit exclusif d'autoriser la présentation de leurs oeuvres par la radiophonie dont ils jouissent à l'égard du même genre de présentation lorsqu'elle a lieu directement au public dans un but commercial. Cependant, pour ce qui concerne les oeuvres littéraires et artistiques publiées depuis un an, la législation de chaque pays pourra permettre aux entreprises de radiophonie, ou à certaines d'entre elles, de les radiodiffuser librement contre payement d'une rémunération équitable à fixer, faute d'acord à l'amiable, par la voie de l'arbitrage ou par le Ministère compétent. L'auteur gardera le droit de s'opposer à la radiodiffusion de son ouvre pour des raisons spéciales tirées du caractère de l'oeuvre." Die Zwangslizenz ist jedoch nicht in dem Sinne aufzufassen, wie sie im deutschen Gesetz nach § 22 mit 22c für Vorrichtungen zur mechanischen Wiedergabe eines Werkes für das Gehör bestimmt ist. Insbesondere soll nicht eine urheberrechtliche Schutzlosigkeit für die gesendeten Werke entstehen. Dies geht aus dem schwedischen Antrag für die Konferenz klar hervor[12]): „On a pu constater en ces derniers temps que, sans s'être préalablement entendus avec les artistes exécutant des oeuvres en vue de leur diffusion radiophonique, des fabricants de disques de grammophones ont cru pourvoir se permettre d'enregistrer sur des disques les oeuvres ainsi diffusées. L'Admini-

[10]) Vgl. den Artikel „Betrachtungen zum Funkurheberrecht" von Dr. W. Hoffmann im Archiv für Funkrecht 1928, S. 242 ff.

[11]) Vgl. Archiv für Funkrecht, 1928, S. 96.

[12]) Vgl. Archiv für Funkrecht, S. 97.

stration italienne et le Bureau international n'arbordent pas cette question. En revanche, l'Administration allemande a formulé une proposition y relative d'addition à l'article 13. Le Gouvernement suédois croit devoir appuyer cette proposition, sous réserve d'une légère modification de texte qu'il compte soumettre à la Conférence." Jedenfalls kann man aus den verschiedenen Vorschlägen für die Konferenz über die Einführung einer Zwangslizenz den Schluß ziehen, daß diese Frage dort eingehend erörtert werden wird und möglicherweise in der neuen Übereinkunft ihren Niederschlag findet.

Im Zusammenhang mit dem Streben nach Vereinheitlichung im Urheberrecht wird wohl auch über eine gleichartige Festsetzung der Schutzdauer auf 50 Jahre verhandelt werden. Bisher hing nach Art. 7 Abs. 2 die Schutzdauer von der Gesetzgebung der einzelnen Länder ab. Die Frist soll jetzt zwingend in allen Verbandsstaaten auf 50 Jahre festgesetzt werden[13]). Diese Verlängerung würde für die deutschen Urheber eine beträchtliche zeitliche Ausdehnung des Schutzes bedeuten.

Ob auch einzelne theoretische Fragen über die Wiedergabe von Werken der Literatur und Tonkunst im Rundfunk auf der Romkonferenz Erörterung finden werden, ist nicht bekannt. Die gesetzlichen Bestimmungen in Deutschland, Österreich und Schweden, wonach der Vortrag erschienener Werke auch ohne Einwilligung des Urhebers statthaft ist, wird auf die grundsätzliche Erklärung der Schutzfähigkeit der Rundfunkwiedergabe jedenfalls ohne Einfluß sein.

Zu einer vollständigen Lösung der Urheberrechtsfragen im Rundfunk müßten auch noch Bestimmungen über die Aussendung von Werken der Photographie und der bildenden Künste durch Rundfunk erlassen werden. Es wäre zu bedauern, wenn die Konferenz auseinanderginge, ohne völlige Klarheit auch in dieser Frage geschaffen zu haben.

Im allgemeinen wird man wohl eine urheberfreundliche Einstellung der Romkonferenz auch im Hinblick auf die Rundfunksendung erwarten dürfen, denn den Ländern mit einer mehr universalistischen Tendenz steht das streng individualistische französische Vollrecht der Urheber gegenüber.

---

[13]) In Deutschland betrug sie bisher gem. § 29 des Urheberschutzgesetzes 30 Jahre.

Es kann kein Zweifel sein, daß die Ergebnisse der Konferenz von wesentlichem Einfluß auf die Neugestaltung des Urheberrechtes in Deutschland sein werden, und man wird dem Ende der Konferenz mit Spannung entgegensehen können.

II. Wie soll sich ein neu zu schaffendes deutsches Urheberrecht zum Rundfunk stellen?

Zum Abschuß der vorliegenden Arbeit soll noch die Frage erörtert werden, wie ein neu zu schaffendes Urheberrecht in Deutschland sich zum Rundfunk stellen soll.

Daß das bestehende Recht einer Neubearbeitung unterzogen werden muß, dürfte als notwendige Folge der Romkonferenz nach den Vorschlägen, die dort gemacht wurden[1]), kaum zweifelhaft sein. Wie das neue Recht im einzelnen zu gestalten sein wird, ist natürlich heute noch nicht anzugeben, da die Ergebnisse der Konferenz fehlen. Es soll auch nicht die Aufgabe dieser Untersuchung sein, die allgemeinen Änderungen, die das Recht wohl erfahren wird, zu erörtern. Vielmehr sollen nur solche Vorschläge gemacht werden, die sich aus der jüngsten Entwicklung der Empfangstechnik im Rundfunkwesen ergeben und von den Ergebnissen der Romkonferenz nicht unmittelbar abhängig sind. Verfasser ist sich allerdings bewußt, daß schon mit Rücksicht auf die einheitliche Gestaltung des deutschen Urheberrechtes alle Vorschläge, welche vor dem Bekanntwerden der Ergebnisse der Romkonferenz gemacht werden, nur als Anregung von Wert sein können, da das neue Recht in einem Guß auf der Grundlage der internationalen Beschlüsse geschaffen werden muß.

Die erste Frage bei der Fassung des neuen Urheberschutzgesetzes wird wohl die sein, ob der Schutz erweitert oder nach Möglichkeit eingeengt werden soll. Es wird sicherlich Stimmen geben, die eine Einengung des Schutzes befürworten und für den Rundfunk, nachdem der Vortragstheorie durch die neuesten Erfindungen der Boden entzogen wurde, eine weit-

[1]) Vgl. den vorhergehenden Abschnitt.

gehende Erteilung von Zwangslizenzen verlangen. Diesen wird eine andere Gruppe, zu der wohl vor allem die Urheberschutzverbände gehören werden, gegenüberstehen, die eine zuverlässige Wahrung der Urheberrechte auch im Rundfunkbetrieb fordern. Auf beiden Seiten werden wirtschaftliche Momente eine bedeutende Rolle spielen.

Nach seiner geschichtlichen Entwicklung hat der Urheberschutz im Laufe der Zeit eine immer größere Stärkung erfahren. Im Altertum und Mittelalter fast völlig unbekannt, in der Neuzeit als Ausnahme vom bestehenden Recht betrachtet, hat er zuerst in der neuesten Zeit allgemeine Anerkennung gefunden. Der Urheberschutz ist ein Ausfluß der individualistischen Einstellung des vergangenen und des Anfangs des gegenwärtigen Jahrhunderts. Nun tritt die Gegenwart mit ihren durcheinanderwogenden individualistischen und universalistischen Strömungen an ihn heran. Der Kampf wird um seine rechtspolitischen Grundlagen gehen. Dem Recht des einzelnen wird das Recht der Allgemeinheit gegenübergestellt werden. Wirtschaftliche und ideelle Interessen werden auf beiden Seiten in die Wagschale geworfen werden. Das Ergebnis muß ein Kompromiß sein, der nach Möglichkeit die Wünsche beider Parteien befriedigt, aber wohl niemals restlos erfüllen kann.

Wie schon am Schlusse des Hauptstückes dargelegt wurde, wird der Rundfunk in seiner neuesten technischen Entwicklung vom Standpunkt der Vervielfältigungs- und Bearbeitungstheorie aus zu beurteilen sein. Ist es billig, das Rundfunken nur als Vervielfältigung zu betrachten und die Aussendung von Werken nach den Vorschriften zu behandeln, die für die Vervielfältigung eines Werkes gelten? Die Bejahung dieser Frage würde einen Sieg der individualistischen Strömung bedeuten. Soll der Rundfunk nach der Bearbeitungstheorie behandelt werden und alle Bestimmungen, welche mit Rücksicht auf die Grammophonindustrie in das Gesetz eingefügt wurden, auf ihn angewendet werden? Die bedingungslose Zustimmung hierfür wäre ein Triumph der universalistischen Tendenzen. Wie also soll das zu schaffende neue Recht den Rundfunk beurteilen?

Das Kompromiß wäre in der Form denkbar, daß man den Rundfunk wohl vom Standpunkt der Bearbeitungstheorie aus betrachten würde, die Bestimmungen über die Erteilung der Zwangslizenzen aber entsprechend geändert würden. Nach den internationalen Verhandlungen in Rom zu schließen, wird man wohl zu einer Einführung von Zwangslizenzen kommen. Aber diese Verpflichtung zur Erteilung einer Genehmigung wird keinen absoluten Charakter tragen und wesentlich anders aussehen müssen, als die jetzigen §§ 22 mit 22c des deutschen Urheberschutzgesetzes. Die Bestimmungen über die Erteilung der Zwangslizenz wären in der Weise zu fassen, daß der Urheber beim Vorliegen triftiger Gründe die Erteilung auch verweigern könnte und ferner, daß an die Erteilung der Lizenz nicht diejenigen Folgen geknüpft wären wie im geltenden Recht. Insbesondere müßte es verboten werden, daß die durch den Rundfunk entstandenen Vervielfältigungen zu gewerbsmäßigen Vorführungen frei benutzt werden könnten. Denn durch die Erlaubnis der freien öffentlichen Aufführung gemäß § 22a des Urheberrechtsschutzgesetzes würde dem Rundfunk mehr geschadet als genützt werden. Man bedenke z. B. die Folgen, welche auch für das Theaterrecht aus dieser Tatsache entstehen würden. Eine Aufführung, die im Rundfunk übertragen würde, könnte ganz oder teilweise beliebig öffentlich wiedergegeben werden, der Veranstalter der öffentlichen Vorführung träte also in Wettbewerb mit dem Urheber und mit der Bühne einerseits und ferner mit den Künstlern, die etwa durch eine Schallplattenfabrik ihre Stimme auf Vorrichtungen zur mechanischen Wiedergabe für das Gehör übertragen lassen wollten! Der Veranstalter der Vorführungen könnte ohne große Mühe einen Nutzen aus der Aufführung schlagen, während dem Urheber, der Theaterleitung, die berechtigt die Aufführung vorgenommen hat, und den Künstlern die wirtschaftliche Nutzung ihrer Leistungen erheblich beschnitten wäre. Diese Möglichkeit muß durch die Fassung des Gesetzes unterbunden werden.

Im einzelnen können daher folgende Vorschläge für die Abänderung des Gesetzes, betreffend das Urheberrecht an Werken der Literatur und der Tonkunst, vom 19. Juni 1901/22. Mai 1910 gemacht werden:

Der § 2 soll folgenden Absatz 3 erhalten: „Die Aussendung eines Werkes durch Rundfunk steht der Bearbeitung des

Werkes gleich. Als Urheber gilt der Vortragende." Damit wird für die Aussendung eines Werkes durch Rundfunk die Bearbeitungstheorie zur Grundlage erklärt.

§ 12 soll durch folgende Nr. 7 erweitert werden: „7. Die Aussendung eines Werkes durch Rundfunk." — Durch Hinzufügung dieser Nr. 7 wird erreicht, daß einmal das Rundfunken eines Werkes ausdrücklich als Bearbeitung festgestellt wird, und aber zugleich eine Unterscheidung gegenüber der in Nr. 5 bestimmten Art der Bearbeitung gemacht wird.

§ 14 soll folgende Nr. 6 bekommen: „6. Die Benutzung des Werkes zum Zwecke der Aussendung durch Rundfunk." — Die Streitfrage, ob die Übertragung des Urheberrechtes die Berechtigung zur Aussendung im Rundfunk mit umschließe oder dem Urheber vorbehalten bleibe, wird damit zugunsten des Urhebers entschieden und im Gesetz eindeutig festgelegt.

§ 20 braucht keine Änderung zu erfahren. Denn da die Vervielfältigung beispielsweise von Liedertexten in den Rundfunkzeitschriften zum Gebrauch der Hörer bestimmt ist und im ursächlichen Zusammenhang mit der Aussendung des Werkes steht, wäre es unbillig, hier eine andere Regelung eintreten zu lassen wie etwa im Konzertsaal für den Abdruck der Texte.

Die §§ 22 mit 22c wären umzustellen und durch neu eingefügte Paragraphen zu ergänzen.

§ 22 soll in seiner jetzigen Fassung bestehen bleiben.

§ 22a (neu) soll lauten: „Gestattet der Urheber eines Werkes einem anderen, das Werk zum Zwecke der Aussendung durch Rundfunk (§ 12 Abs. 2 Nr. 7) zu bearbeiten, so kann, nachdem das Werk erschienen ist, jeder Dritte, der sich gewerbsmäßig mit der Aussendung durch Rundfunk befaßt, verlangen, daß ihm der Urheber gegen eine angemessene Vergütung gleichfalls eine solche Erlaubnis erteile; für die Entstehung des Anspruchs begründet es keinen Unterschied, ob der Urheber dem anderen die Vervielfältigung mit oder ohne Übertragung der auschließlichen Befugnis gestattet. Die Erlaubnis wirkt nur in bezug auf die Aussendung im Inland und in solchen Staaten, in denen der Urheber keinen Schutz gegen die Bearbeitung seines Werkes für den Rundfunk genießt.

Gehört als Text zu einem Werke der Tonkunst ein geschütztes Schriftwerk, dessen Urheber einem anderen gestattet hat, es zum Zwecke der Aussendung im Rundfunk zu bearbeiten, so finden die Vorschriften des Abs. 1 auch auf den Text Anwendung. An Stelle des Urhebers des Textes ist jedoch der Urheber des Werkes der Tonkunst berechtigt und verpflichtet, die Erlaubnis zu erteilen; er hat, wenn er die Erlaubnis erteilt, dem Urheber des Textes einen angemessenen Teil der Vergütung auszuzahlen.

Der Urheber kann die Erteilung einer Erlaubnis an den Dritten verweigern, wenn er durch die Erteilung der Erlaubnis einen wesentlichen Nachteil erleiden würde. Bei den im Abs. 2 bezeichneten Werken steht das Recht der Verweigerung der Erlaubnis auch dem Urheber des Textes zu." — Die Fassung dieses Paragraphen wird durch die Ergebnisse der Konferenz in Rom sehr stark beeinflußt werden und von den internationalen Beschlüssen wesentlich abhängen.

§ 22b (neu) soll die Fassung des § 22a des geltenden Gesetzes erhalten. Als 3. Absatz soll hinzukommen: „Die Vorschriften des Abs. 1 und 2 finden auf die Vorrichtungen, welche durch Aussendung eines Werkes durch Rundfunk entstehen, keine Anwendung. Vorrichtungen dieser Art dürfen ohne Erlaubnis des Berechtigten nicht zu öffentlichen Vorführungen benutzt werden."

§ 22c (neu) soll die Fassung des § 22b des geltenden Gesetzes bekommen.

§ 22d soll lauten: „Hat der Urheber die ausschließliche Befugnis zur Bearbeitung eines Werkes für die Aussendung im Rundfunk einem anderen in beschränktem Umfange übertragen, so ist die im § 22a bestimmte Erlaubnis gleichwohl nur von ihm zu erteilen oder zu verweigern. Im Falle einer unbeschränkten Übertragung ist die Erlaubnis von dem Rechtsnachfolger zu erteilen. Der Urheber ist jedoch berechtigt, die Erteilung der Erlaubnis zu verbieten, wenn er durch die Erteilung einen wesentlichen Schaden erleiden würde.

§ 22e soll die Fassung des § 22c des geltenden Gesetzes erhalten.

Die Strafbestimmungen des Gesetzes müßten entsprechend der Neufassung des Teiles über die Befugnisse des Urhebers eine sinngemäße Abänderung erfahren. Auf die Bestimmungen über die Dauer des Schutzes können die Beschlüsse der internationalen Konferenz in Rom von Einfluß sein. Durch Änderungen im Gesetz wird auch eine Neufassung der Schlußbestimmungen notwendig werden.

Eine Fassung des Gesetzes ähnlich der vorgeschlagenen dürfte wohl dazu dienen, den Rundfunk in allgemein befriedigender Form in die bestehenden Rechtsnormen einzubeziehen. In der weiteren Entwicklung der Technik wird wohl auch das Gesetz, betreffend das Urheberrecht an Werken der bildenden Künste und der Photographie, vom 9. Januar 1907[2]) für den Rundfunk Bedeutung gewinnen. Durch die glückliche Fassung der §§ 3, 15 und 17 dieses Gesetzes wird der Rundfunk aber voraussichtlich ohne größere Schwierigkeiten mit in das Gesetz einbezogen werden können. Die weitere Entwicklung der Regelung des Urheberrechtes wird durch die Entwicklung der Technik beeinflußt bleiben, und niemand kann vorhersehen, was die Zukunft noch alles bringen wird.

Zunächst aber wird man in Deutschland auf Grund der Beschlüsse der Konferenz in Rom wie auch durch die technische Entwicklung des Rundfunks daran gehen müssen, das Urheberrecht an Werken der Literatur und Tonkunst neu zu regeln. Möge es dieser Arbeit vergönnt sein, zu dem hoffentlich stattlichen Gebäude des neuen Rechtes einen bescheidenen Baustein beigetragen zu haben.

Anhang I.

1. Auszug aus der Entscheidung des Reichsgerichts vom 12. Mai 1926, I. 287/1925.

I. . . . In Übereinstimmung mit der ständigen Rechtsprechung geht das Berufungsgericht davon aus, daß ein allgemeines Persönlichkeitsrecht für die geltende Rechtsordnung nicht anzuerkennen ist. Diese gibt nur besondere gesetzlich geregelte Persönlichkeitsrechte wie das Recht auf ungekränkte Ehre, das Namensrecht, das Warenzeichenrecht, das Recht am eignen Bilde, die persönlichkeitsrechtlichen Bestandteile des Urheberrechts. Zutreffend führt das angefochtene Urteil aus: Ein allgemeines Persönlichkeitsrecht, vermöge dessen der Ur-

[2]) RGBl. 1907, S. 7.

heber über seine Werke ausschließlich verfügen könne, sei nur als Oberbegriff über den einzelnen von der Rechtsordnung anerkannten Befugnissen denkbar, gewähre neben diesen besonderen rechtlichen Behelfen keine Möglichkeit, Ansprüche zu rechtfertigen und vermöge daher, soweit nicht eine Verletzung solcher einzelnen vom Gesetze gegebenen Befugnisse vorliege, keinen Abwehr- oder Schadenersatzanspruch zu begründen. (RGZ. Bd. 69 S. 401—406 [403], Bd. 79 S. 397—402 [398, 400], Bd. 107 S. 281.)

Auch den Versuch, die Klage auf ein allgemeines, umfassendes Urheberrecht zu stützen, lehnt das Berufungsgericht mit Recht ab, weil nach geltendem Rechte kein derartiger allgemeiner Schutz „geistigen Eigentums" bestehe. Der § 1 des Gesetzes, betreffend das Urheberrecht an Werken der Literatur und Tonkunst, vom 19. Juni 1901 (RGBl. S. 227)/22. Mai 1910 (RGBl. S. 793) verheiße den Urhebern von Schriftwerken ... Schutz ausdrücklich nur „nach Maßgabe dieses Gesetzes", also nur, soweit das Gesetz die Befugnisse des Urhebers einzeln aufführe. Und schon die Begründung zum Entwurfe des Gesetzes spreche sich (S. 12) gegen einen allgemeinen Schutz des Urhebers aus mit dem Hinweise darauf, daß kein praktisches Bedürfnis nach einer allgemeinen, ausschließlichen Befugnis des Urhebers zur Wiedergabe des Werkes gewährenden Bestimmung vorliege.

II. Demnach kommt allein in Frage, ob die Beklagte gegen die nach § 11 des Urheberrechtsgesetzes dem Urheber ausschließlich zustehenden Rechte zur Vervielfältigung und gewerbsmäßigen Verbreitung verstoßen hat.

1. Abgelehnt wird vom Berufungsgericht, daß eine Vervielfältigung des Werkes (§ 11 Abs. 1 UrhG.), oder daß eine Bearbeitung im Sinne des § 2 Abs. 2 Satz 1 verbunden mit § 12 UrhG. anzunehmen sei.

a) „Wird ein Werk der Literatur ... durch einen persönlichen Vortrag auf Vorrichtungen für Instrumente übertragen, die der mechanischen Wiedergabe für das Gehör dienen, so steht die auf diese Weise hergestellte Vorrichtung einer Bearbeitung des Werkes gleich" (§ 2 Abs. 2 Satz 1 UrhG.).

Hinweisend auf die Entwicklung der Technik, welche die Einfügung dieser gesetzlichen Vorschrift veranlaßt hat, bemerkt das angefochtene Urteil, daß jenen Vorrichtungen eigentümlich sei, die Wiederholung der Leistung beliebig oft und zu beliebiger Zeit zu gestatten, während — nach dem unstreitigen Vortrage der Parteien — bei der hier in Rede stehenden Rundfunksendung nur schlichte Übermittlung stattfand, aber keinerlei Vorrichtungen angebracht waren, die eine Festlegung, namentlich zu späterer Wiederholung, bezweckten und erreichten. Die im Schrifttum vertretene abweichende Meinung findet wenigstens im gegenwärtigen Tatbestande keinen zureichenden Anhalt. Ob ein anderes Sachverhältnis oder künftige Möglichkeit der technischen Entwicklung ihr diesen gewähren können, braucht jetzt nicht erörtert zu werden.

b) Das Berufungsgericht führt ferner aus, daß die Übertragung von Schriftwerken durch Rundfunk nicht als Vervielfältigung angesehen werden könne. Dem — wie es meint, mit der Verkehrsanschauung übereinstimmenden — Sprachgebrauch der bisherigen Gesetzesauslegung folgend hält es daran fest, daß unter Vervielfältigung die Handlung zu verstehen sei, durch die eine Mehrzahl einander gleichender, gegenständlicher Erscheinungsformen einer Sache oder eines Geisteswerkes der Urform nachgebildet werden; also die Herstellung körperlicher Gegenstände, welche das Werk zum Zwecke sinnlicher Wahrnehmung wiedergegeben. Ob wirklich der allgemeine Sprachgebrauch des Volkes und des Schrifttums, der häufig und schon seit Jahrhunderten „vervielfältigen" auch in verschiedenster bildlicher, geistige Vorgänge mitumfassender Bedeutung, also keineswegs nur in körperlich-gegenständlichem Sinne verwendet, zu jener Einschränkung nötige, kann dahingestellt bleiben. Auf die Ausführungen des Klägers in seiner Revisionsbeantwortung, daß die durch Sprache hervorgerufenen elektrischen Schwingungen, welche dem Hörer die Wahrnehmung vermitteln, schon um ihrer Wirkung willen (auf große Entfernung und an eine unbegrenzte Menschenzahl) den körperlichen Gegenständen gleichzustellen seien, braucht ebenfalls nicht eingegangen zu werden. Denn die Annahme, daß eine gewerbsmäßige „Verbreitung" vorliege, trägt allein schon die angefochtene Entscheidung.

2. In dieser Anwendung des Begriffs gewerbsmäßige Verbreitung (§ 11 Abs. 1 UrhG.) liegt nicht, wie die Revision meint, ein Verstoß gegen die Rechtsregeln.

Die Ausdrucksweise eines Gesetzes wird unvermeidlich beeinflußt durch die Gedankenwelt der Verfasser. Auch wenn sie danach trachten, die Vorschriften als möglichst allgemeingültige Regeln zu formen, machen sich mehr oder minder die hauptsächlichsten Fälle und Beispiele, die sie bei der Abfassung vor Augen und im Sinne hatten, in der Wortwahl bemerklich. Daraus erklärt sich z. B. die schwankende Bedeutung und ungleichmäßige, bisweilen zweifelhafte Verwendung des Ausdrucks „Werk“ in Urheberrechtsgesetz und Verlagsgesetz. Ausnahmsweise nur bezeichnet er das durch Sprachzeichen erkennbar gemachte Gedankengebilde, welches das Erzeugnis eigener geistiger Tätigkeit darstellt. Häufiger bedeutet „Werk“ die einzelne Verwirklichungsform jenes Gebildes, das „Werkexemplar“, das gattungsmäßige Vervielfältigungsstück des Buches oder sonstigen Schriftwerkes. Hatte man also bei der Abfassung der Gesetzesworte gewöhnlich, wenn über das „Werk“ etwas bestimmt wurde, das Werkexemplar als dessen regelmäßige verkehrsgeläufige Erscheinungsform im Sinne, so erklärt es sich, daß die gleiche Vorstellung nicht nur dem Ausdrucke „vervielfältigen“ seine Farbe gab, sondern auch die Worte „verbreiten“, „Verbreitung“ meistens in einen Zusammenhang fügte, der sein Gepräge von dem Gedanken an das Inverkehrbringen der einzelnen Vervielfältigungsstücke, in der Regel also der Druckexemplare des Schriftwerks, empfing. (UrhG. § 22 Abs. 1 Satz 2, § 42 Abs. 1, 2, 3, §§ 46, 52, 63, 63a, 26, 36, 38 Abs. 1 Nr. 1, § 62 a. E.)

Wie der oder die Verfasser des Geistestextes, so sind Auslegung und Anwendung des Urheberrechtsgesetzes der Nachrichtenmitteltechnik ihrer Zeit entsprechend, von dem Gedanken beeinflußt worden, daß die Verbreitung eines Schriftwerkes durch das Inverkehrbringen von Werkexemplaren zu geschehen pflege. Als Verbreitung sah man darum in Lehre und Rechtsprechung jede Handlung an, durch die ein Werkexemplar anderen als den bei der Herstellung Beteiligten zugänglich gemacht werde. (RGSt. Bd. 14 S. 46—51 (47), Bd. 39 S. 108—118 [110/111]; RGZ. Bd. 63 S. 394—401

[398/9], Bd. 69 S. 242—244 [243], Bd. 107 S. 277—282 [281]. Allfeld, UrhG. Anm. 5a zu § 11; Riezler, Dtsch. Urh.- und ErfinderR. 1 S. 256; Dernburg, BürgR. VI S. 61, § 22 II 1; Crome, System d. BürgR. IV S. 63; Daude, Urheberrecht S. 33 Anm. zu § 11; Goldbaum Urheberrecht S. 149, Bem. 7 zu § 11.) Für diese Begriffsbestimmung konnte man sich auf einen Satz in der Begründung des Gesetzentwurfs berufen: „Als Verbreitung ist in Übereinstimmung mit dem Sprachgebrauche des bisherigen Gesetzes jede Überlassung eines Exemplars zu verstehen, nicht aber die bloße Mitteilung seines Inhalts (das Vorlesen des Schriftwerks, der Vortrag des Musikstücks)."

Aber je rascher und stärker sich das Verkehrsleben wandelt, desto weniger taugt eine Begründung, die vor der Zeit solcher Wandlungen liegt, zum Behelfe der Gesetzesauslegung. Nur über den Zweck, dem das Gesetz oder einzelne seiner Vorschriften nach den Umständen der Entstehungszeit dienen sollten, mag sie, soweit das später noch von Wert sein kann, Aufschluß erteilen. Der von der Begründung bestätigte, auch ohne sie klar ersichtliche, Zweck und Grundgedanken des Gesetzes ist: dem Schöpfer eines Schriftwerkes dessen volle wirtschaftliche Ausbeute mit nur wenigen bestimmt geregelten Einschränkungen unverkürzt zukommen zu lassen. Als das Urheberrechtsgesetz entstand, gab es noch keinen Rundfunk. Die erwähnten Belege für eine enge Begrenzung des Verbreitungsbegriffs gehören einer Zeit an, in der die Übermittlung durch drahtlosen Fernspruch noch unbekannt oder wenigstens noch nicht bis zum gegenwärtigen Entwicklungsstande gediehen war. Hätte man sich dergleichen technische Neuerung samt ihren tiefgreifenden Wirkungen vorzustellen vermocht, wäre man unbedenklich zu einer weiteren Fassung des Begriffs „verbreiten" gekommen. Denn weder der Gesetzesausdruck noch der allgemeine Sprachgebrauch nötigte, wie das Berufungsurteil mit Recht hervorhebt, zu der engen Begrenzung, die man nach dem Stande der Technik auf dem Gebiete des Nachrichtenverkehrs als ausreichend glaubte annehmen zu müssen. „Verbreiten" nach allgemeinem Sprachgebrauche beschränkt sich nicht auf solche Fälle, in denen die körperliche Erscheinungsform eines Gedankens oder Geisteswerkes zugänglich gemacht wird, sondern hat einen sehr viel weiteren Sinn, den der Übermittlung einer Kenntnis an andere. Schon ältere und jüngere Gesetze verwenden das Wort in gleichem oder ähnlichem, der engen Begrenzung entbehrenden Sinne..... Sogar für das Stoffgebiet des Urheberrechtes selbst befürworteten einzelne Stimmen einen weiteren Begriff des Verbreitens, indem neben dem Inverkehrbringen von Werkexemplaren der „Gebrauch bei der gewerblichen Wiedergabe des Werkes" erwähnt, „das Festlegungsexemplar als Mitteilungswirker", z. B. zu Vortrag oder Aufführung, gekennzeichnet wurde. (So Kohler, Urheberrecht S. 179/181.) Zutreffend führt das Berufungsgericht aus: „Nach dem bisherigen Stande der Technik, bei dem das Buch als die alleinige Darstellungsform des Schriftwerkes vorherrschte, mag die Verbreitung sich, rein tatsächlich betrachtet, auf die Übertragung von Schriftwerken beschränkt und Verkehr und Rechtsprechung sich daher gewöhnt haben, nur die Zugänglichmachung von Werkexemplaren als Verbreitung anzusehen. Wenn aber der Fortschritt der Technik es ermöglicht, ein Werk durch eine Rundfunksendung gleichzeitig vielen hunderttausend Menschen zugänglich zu machen und insoweit fast die Lesung von Büchern, Zeitschriften usw. durch das Gehör zu ersetzen, so darf die Rechtsprechung nicht zögern, die bisherige enge Auslegung des Verbreitungsbegriffs fallen zu lassen und wieder auf den ursprünglichen Sprachgebrauch zurückzugehen." Diesem volkstümlichen Sprachgebrauche standen bereits unter der Herrschaft des Urheberrechtsgesetzes vom 11. Juni 1870 (RGBl. S. 339), dessen §§ 18 und 35 sich gegen die Verbreitung von Nachdruck und Nachdruckexemplaren richteten, manche namhaften Schriftsteller nahe, indem sie zur Verbreitung jede Handlung rechneten, „durch die das Geisteswerk einer Mehrzahl von Personen zugänglich gemacht werde," sei es durch Mitteilung von Exemplaren, durch Vorlesung oder Aufführung, Ausstellung oder Auslegung. (Gierke, Deutsches Privatrecht I S. 803, § 87 IV.) Mit Recht hebt das Urteil des Berufungsgerichts hervor, daß die Auslegung des Gesetzes nicht starr und unbeweglich sein dürfe, sondern dem jeweiligen Stande der Erkenntnis und der Bedürfnisse des Lebens, entsprechen und genügen müsse. Beizutreten ist ihm darin, daß es sich hier nicht um eine Gesetzeslücke handelt, sondern um eine Lücke der Auslegung, die sich herausgestellt hat durch neue, die Unzulänglichkeit des bisherigen Maßstabes beweisende Erfahrungen. Diese Lücke muß durch berichtigte Auslegung geschlossen werden.

Dem Berufungsgericht ist also darin beizustimmen, daß die Sendung von Schriftwerken im Rundfunk eine Verbreitung im Sinne des § 11 UrhG. ist. Und zwar eine gewerbsmäßige, da sie unstreitig gegen Entgelt erfolgt. Die Funkhoheit des Reiches schließt nicht aus, daß die Beklagte als Zusammenstellerin des Sendestoffes („Rundfunkprogramms"), die das Sprechen im Senderaume veranlaßt und regelt, als Verbreiterin anzusehen ist. Diese Auslegung arbeitet nicht, wie man eingewendet hat, mit Vertauschung des klaren gesetzlichen Begriffs „Verbreiten" gegen einen statt seiner eingeschobenen. (So namentlich Osterrieth im Gewerbl. Rechtsschutz Bd. 30 [1925] S. 263—268 [266/7].) Der Einwand setzt voraus, daß das Gesetz im § 11 unter „Werk" nur das Werkexemplar verstehe und nicht die als Gedankengebilde sich kennzeichnende menschliche Schöpfung, die in der Sprachform ihren Ausdruck und im einzelnen Werkexemplar nur eine in den Verkehr tretende Erscheinungsform findet. Das Gesetz aber nötigt nicht zu dieser Beschränkung, sondern läßt der weiteren Auslegung Raum, vermöge deren das Werk auch durch den Rundfunk, wenngleich unter Heranziehung des Werkexemplares als Mittel für den Sprecher, „verbreitet" wird. . . . .

3. Auch darin ist dem Berufungsgerichte beizutreten, daß die ausschließliche Befugnis des Urhebers zur Verbreitung (UrhG. § 11 Abs. 1) im vorliegenden Falle nicht durch das freie Recht zum öffentlichen Vortrag erschienener Werke (§ 11 Abs. 3) begrenzt wird. Wie zutreffend ausgeführt ist, stellt sich die Rundfunksendung als etwas vom Vortrag völlig Verschiedenes dar. Allerdings ist bei Vortrag und Rundfunkübermittlung die Wirkung insofern gleich, als hier wie dort gesprochene Worte durch Gehör aufgenommen werden. Davon abgesehen aber zeigen sich so beträchtliche Unterschiede, daß die Rundfunksendung nicht als Vortrag im Sinne des UrhG. angesehen werden kann.

Ein erheblicher Unterschied, der für sich allein genügen würde, zwischen Vortrag und Rundfunk eine Trennungslinie zu ziehen, besteht, wie das angefochtene Urteil darlegt, im Umfang ihrer Wirkungsbereiche. Durch öffentlichen Vortrag wird das Werk einem zwar begrifflich nicht begrenzten, durch die tatsächlichen Verhältnisse jedoch ganz beschränkten Personenkreise zu Gehör gebracht: im geschlossenen Raume bemißt sich die mögliche Hörerzahl danach, wie viele er aufnehmen kann; im Freien sind Grenzen gesetzt durch die Vernehmbarkeit der menschlichen Stimme, selbst wenn sie durch technische Mittel, wie Megaphon oder Schallrohr stärker ans Ohr dringen sollte. Beim Rundfunk dagegen sind die räumlichen Schranken der Wirkung nahezu völlig aufgehoben. Er gewährt die Möglichkeit, das Werk durch eine einzige Veranstaltung an eine wirklich unbegrenzte Vielheit von Menschen zu übermitteln, so daß der hunderte von Kilometern entfernt wohnende Rundfunkteilnehmer die Stimme des Sprechers in gleichem Umfange vernimmt, wie der etwa im Senderaume befindliche Hörer. Diese Wirkung des Rundfunks in weiteste Ferne und an Mengen von Menschen, denen, wenn sie versammelt wären, keine Stimme sich durchaus vernehmlich machen könnte, weicht so von aller früheren Erfahrung und Vorstellbarkeit ab, daß rechtliche Gleichbehandlung mit einem öffentlichen Vortrage abzulehnen ist.

Die augenfällige Verschiedenheit der räumlichen Umstände und Bedingnisse bringt weiter einen Unterschied mit sich in der Wechselbeziehung zwischen Sprecher und Hörer. Dem Vortrage im herkömmlichen Sinne ist, so führt das Berufungsgericht mit zutreffender Beobachtung aus, dergleichen Beziehung persönlichen Zusammenhanges notwendig eigen. Sie pflegt sich im Eindrucke des Vortragenden auf die Hörerschaft und hinwiederum in der Einwirkung der Hörerschaft auf den Vortragenden geltend zu machen. „Zwar steht bei dem Vortrage die klangliche Wiedergabe des Werkes im Vordergrunde. Doch wird erfahrungsgemäß der Eindruck nicht allein durch das gesprochene Wort, sondern durch das gesamte Verhalten des Künstlers, durch Mienen- und begleitendes Gebärdenspiel bestimmt, wenn auch nicht in gleichem Maße wie bei bühnenmäßiger Aufführung.“ Dagegen muß sich bei der Rundfunkübertragung der Sprecher allein auf die klangliche Wirkung einer Darstellung beschränken; der Einfluß der Persönlichkeit, den er beim Vortrag einsetzen und ausüben könnte, um der Gestaltung des Werkes Nachdruck und besonderes Gepräge zu geben, fällt großenteils weg, weil sich die Darbietung fast ausschließlich an das Ohr, nicht an das Auge wendet. — Andererseits hängen, so führt das angefochtene Urteil in diesem Zusammenhange ferner aus, Art und Maß künstlerischer Leistung des Redners vielfach vom Verhalten der Hörerschaft ab. Die Aufnahme der Darsteller durch die Hörer spornt den Vortragenden zu vollkommenerer Leistung an und befähigt ihn, neben dem Werke selbst seine eigene Persönlichkeit in der Weise der Gestaltung wirken zu lassen; er kann seine Worte je nach dem Eindruck abstimmen, den er bei der Hörerschaft hervorbringt. Beim Rundfunk, wo der Redner sozusagen vor leeren Wänden in den Sender hineinspricht, kommt alles das nicht in Betracht. Hier kann der Sprecher gar nicht ermessen, wieviel Hörer seiner Darbietung folgen und ob dieses mit der Empfindung des Beifalls geschieht oder nicht.

Mit diesen Unterschieden berührt sich ein weiterer, den das angefochtene Urteil noch erwähnt: Dem Vortrag eigne in hohem Maße selbständige künstlerische Leistung mit persönlicher Farbe und Belebung, sofern er entsprechenden Zielen zustrebe und Anforderungen genügen wolle. Beim Rundfunk trete dies eigenpersönlich Künstlerische zugunsten einer mehr mechanischen, allein für das Gehör bestimmten Wiedergabe zurück. Ob dieser Unterschied, so wie das Berufungsgericht andeutet, als Regel angesehen werden kann, mag dahinstehen. Auch ohne ihn wäre, schon wegen der an erster Stelle genannten Wirkungsverschiedenheit, die Rundfunksendung nicht als Vortrag zu betrachten.

Endlich betont aber das Berufungsgericht mit Recht den Zweck des Gesetzes und meint, daß er eine einschränkende Auslegung des Begriffes Vortrag erheische. Dafür zieht es die Begründung des Gesetzentwurfes heran. Aus ihr erhellt, daß man bei der Vorbereitung des Gesetzes erwogen hat: Den Vortrag bereits erschienener Werke von einer Genehmigung des Urhebers abhängig zu machen, stehe mit der Verkehrsanschauung in Widerspruch; durch Rücksichten auf die Belange des Urhebers sei es nicht geboten. Zutreffend bemerkt das angefochtene Urteil, daß hieraus zu ersehen sei, man habe bei Freigabe des Vortrags mit keiner nennenswerten Vermögenseinbuße für den Urheber gerechnet, eine beträchtliche ihm nicht zumuten wollen. Mit starker wirtschaftlicher Beeinträchtigung aber werde der Urheber bedroht, wenn der Rundfunk, als öffentlicher Vortrag behandelt, freistehe. Sowohl die Möglichkeit, räumlich unbegrenzt Werke zu übermitteln, als rundfunktechnische Übermittlung zu wiederholen; könne dazu führen, daß der Anreiz, Werkexemplare anzuschaffen, schwinde im Vergleich zu dem Gedanken, daß eine Anhörung im Rundfunk beinahe kostenlos zu haben sei. Dem ist beizustimmen. Es mag darüber gestritten werden, ob im großen und ganzen betrachtet, die Rundfunksendung einem Werke Käufer zuführe oder abwende. Die Zukunft erst kann erbringen, was von beiden eintrifft, ob der Rundfunk sich als Anreger zur Bildung und Vertiefung bewährt oder als ein Verführer zur Oberflächlichkeit und Verseichtung. Besteht aber auch nur die Möglichkeit schweren Schadens für die Urheber, so hat die Gesetzesauslegung das ihrige zu tun, daß sie verhütet werde. Die Feststellung der Schadens-Wahrscheinlichkeit durch das Berufungsgericht gehört dem Gebiete der Lebenserfahrung und damit der Tatsachenwürdigung an (§ 266 ZPO.).

2. Auszug aus der Entscheidung des Reichsgerichtes vom 12. Mai 1926, I. 422/1925.

. . . . I. Mit der ständigen Rechtsprechung geht das Berufungsgericht davon aus, daß ein allgemeines, ausschließliches Recht des Urhebers eines Schriftwerks an diesem seinem Erzeugnisse — sei es ein allgemeines Persönlichkeitsrecht oder ein allgemeines, umfassendes Urheberrecht — dem deutschen Recht unbekannt ist, also die Rechte des Urhebers sich in den Einzelbefugnissen erschöpfen, welche das Urheberrechtsgesetz vom 19. Juni 1901 (RGBl. S. 227)/22. Mai 1910 (RGBl. S. 793) erwähnt. (RGZ. Bd. 69 S. 401—406 [403], Bd. 79 S. 397—402 [398, 400], Bd. 17, S. 277—282 [281]).

Das angefochtene Urteil bejaht mit Recht die von der Revision wiederum in Zweifel gezogene Sachbefugnis des Klägers. Zutreffend weist es darauf hin, daß der Kläger zur Erhebung der vorliegenden Klage auch dann berechtigt wäre, wenn er .... ein Verlagsrecht für einen Dritten dauernd begründet hätte. Denn das Verlagsrecht ist dem Urheberrechte gegenüber beschränkt und umfaßt nur die Befugnis zur Vervielfältigung und Verbreitung des Werkes als Druckschrift in der vereinbarten Zahl (Auflage). Hier aber handelt es sich gerade um eine Übermittlung des Werkinhalts in anderer Weise als durch Weitergeben gedruckter Werkexemplare. Übrigens wäre dem Verfasser ein Verbietungsrecht auch neben dem Verleger anzuerkennen. (§ 11 UrhG., vgl. mit § 8 VerlagsG.; Allfeld, UrhG. und VerlagsR. S. 29 und Anm. 2 UrhG. § 11 verbunden mit Anm. 6 Abs. 2 zu VerlG. § 2; Kohler, UrhR. und VerlagsR. S. 355 bei Anm. 8).....

II. Das Berufungsgericht geht bei der Auslegung des Urheberrechtsgesetzes berechtigterweise von dem Grundgedanken aus, daß dieses Gesetz dem Schöpfer eines Schriftwerkes dessen volle wirtschaftliche Ausbeute mit nur wenigen bestimmt erklärten Einschränkungen unverkürzt zukommen lassen wolle.....

I. Allerdings nimmt es an, daß das Senden eines Schriftwerkes durch Rundfunk nicht als Vervielfältigung des Werkes (§ 11 Abs. 1 UrhG.) anzusehen sei. Der allgemeinen Gesetzesauslegung folgend findet es das Wesen der Vervielfältigung in der Herstellung einer Mehrzahl einander gleichender körperlicher Erscheinungsformen des Werkes (Werkexemplare, Festlegungsexemplare); beim Rundfunk vermißt es, weil es nur das gesprochene Wort an das Gehör der Empfänger weitergibt, eine solche der „Vervielfältigung“ wesentliche dauernde Verkörperung des Werkes. Ob an der bisherigen Auslegung des Ausdrucks „Vervielfältigung“ unter den jetzigen durch den Rundfunk völlig verwandelten Zuständen der Verkehrsmitteltechnik festgehalten werden müsse, braucht nicht erörtert zu werden, weil die Annahme des Berufungsgerichts, daß eine gewerbsmäßige Verbreitung vorliege, die angefochtene Entscheidung allein schon trägt.

2. Mit zutreffender Begründung sieht das Berufungsgericht in der Übermittlung durch Rundfunk eine Verbreitung des Schriftwerks. Es verkennt nicht, daß bisher die Anwendung des Begriffs auf solche Fälle beschränkt worden ist, die nach dem Zustand unserer Nachrichtenmitteltechnik praktisch allein in Betracht kamen; auf die Weitergabe von Werkexemplaren, die durch Vervielfältigung hergestellt waren. (RGSt. Bd. 14 S. 47/48, Bd. 39 S. 110; RGZ. Bd. 63 S. 398, Bd. 69 S. 243, Bd. 107 S. 281; Allfeld, Anm. 5a zu § 11 UrhG.; Daude, Urh.- und VerlR. S. 33 zu § 11 UrhG.; Riezler, Deutsch. Urh.- und ErfinderR. I S. 256; Kuhlenbeck, UrhG. S. 115; Voigtländer und Fuchs, Anm. 2b zu § 11 UrhG.; Goldbaum, UrhR. S. 149 Anm. 7 zu § 11; de Boor, UrhR. S. 138ff.). Doch schon in der Geltungszeit des Urheberrechtsgesetzes vom 11. Juni 1870 (RGBl. S. 339) war eine weitere Fassung vertreten (Gierke, Deutsches Privatrecht I S. 803). Auch in der dem Gesetze vom 19. Juni 1901 gewidmeten Lehre fehlten sie nicht (Kohler, Urheberrecht S. 179—181). Und mit Recht führt das Berufungsgericht im Hinblick auf die mit dem Rundfunk eingetretene tiefgreifende Verwandlung aus: Dem Fortschreiten der Technik gegenüber könne bei der bislang herrschenden Begrenzung des Verbreitungsbegriffs nicht haltgemacht werden; es sei zu prüfen, ob es dem Geiste des Gesetzes entspreche, daß dem Urheber eines Werkes das ausschließliche Recht zu dessen Verwertung durch den Rundfunk entzogen werden solle. Dies, meint es, könne nicht bejaht werden, ohne den Ausschlußrechten Abbruch zu tun, die das Urheberrechtsgesetz dem Verfasser zum Lohn und Ansporn unverkennbar geben wolle. Grundsätzlich solle nach dem vernünftig ausgelegten, übrigens von der Entwurfsbegründung bestätigten Zwecke des Gesetzes dem Schöpfer des Schriftwerks die volle wirtschaftliche Ausbeute zufallen. Soweit das ausnahmsweise nicht geschehen solle, müsse diese Beschränkung klar ersichtlich sein. In dem Bereich solcher Einschränkungen falle der Rundfunk nicht.

a) Zu den gesetzlich bestimmten Ausnahmen gehört für „erschienene“ Werke .... der öffentliche Vortrag (§ 11 Abs. 3 des Urhebergesetzes). Das angefochtene Urteil führt jedoch ohne Verstoß gegen Rechtsgrundsätze aus, daß die Übertragung durch Rundfunk **k e i n** öffentlicher Vortrag in diesem gesetzlichen Sinne ist. Es erwägt: Das Wesen eines Vortrages erschöpfe sich nicht in den vom Vortragenden gesprochenen Worten, sondern umfasse auch die aus der gleichzeitigen Anwesenheit des Sprechers und der Zuhörer in einem Raume (oder im Freien, doch innerhalb eines kleinen räumlichen Bereiches) sich bildenden Wechselbeziehungen. Zum Vortrage gehöre der Regel nach — abgesehen von der teilweise als Vortrag anerkannten Wiedergabe durch Phonographen, einen die menschliche Stimme ersetzenden Gleichwert — auch das persönliche Auftreten des Sprechers, namentlich sein Mienen- und Gebärdenspiel. Schon das Senden eines nichtdramatischen Werkes durch Rundfunk bedeute hiernach keinen Vortrag im Sinne des Urheberrechtsgesetzes. Das Senden eines Bühnenwerkes mit verteilten Rollen, ... falle noch aus einem anderen Grund aus dem Rahmen des Vortrages: weil eine derartige Wiedergabe des Werkes nicht mehr in erster Linie seiner Einführung diene, sondern bereits seine Bestimmung erfülle. Während ein anderes Schriftwerk erst durch eingehendes, oft sogar erst durch wiederholtes Lesen voll aufgenommen werden könne, werde ein Bühnenwerk von vielen schon dann in einer seinem Wesen entsprechenden Weise voll erfaßt, wenn ihnen jede einzelne Rolle von einem anderen Schauspieler im Zusammenspiel, mit dem so gegebenen unterschiedlichen Ausdruck und Tonfall zu Gehör gebracht werde. — Unter diesen zutreffend angedeuteten Unterschieden des Vortrags von der Rundfunksendung würde schon der eine genügen, den Rundfunk von der Einordnung in den Vortragsbegriff auszuschließen: die durch geschlossenen Raum oder (im Freien) begrenzten Wirkungsbereich der menschlichen Stimme notwendig gegebene Beschränkung der Hörermenge beim Vortrag — dagegen die Möglichkeit der Übermittlung an eine tatsächlich unbegrenzte Hörerzahl bis in weiteste Ferne beim Rundfunk. Mit Recht betont das Berufungsgericht unter Hinweis auf Äußerungen der Entwurfsbegründung: Öffentlicher Vortrag sei nur freigegeben, weil er in der Regel nach Anwendungs- und Wirkungsart ein Werk bloß einführen, dem Urheber keinen Schaden bringen werde. Dies treffe nicht mehr zu, sobald, wie beim

Rundfunk, die Hörermenge sich endlos erweitern könne; damit entstehe die Aussicht auf Entschädigung des Urhebers.

b) Hat das angefochtene Urteil ohne Rechtsirrtum verneint, daß Übermittlung durch Rundfunk ein öffentlicher Vortrag im Sinne des UrhG. (§ 11 Abs. 3) sei, so kann die von der Revision angedeutete Auslegung, daß Übertragung „durch persönlichen Vortrag auf Vorrichtungen für Instrumente" vorliege, „die der mechanischen Wiedergabe für das Gehör dienen" (§ 2 Abs. 2 Satz 1 UrhG.), für den hier gegebenen Tatbestand gleichfalls nicht gebilligt werden. Denn bei solchen Instrumenten handelt es sich, wie das angefochtene Urteil hervorhebt, um körperliche Gegenstände von Dauer, mittels deren das auf sie Übertragene zu beliebiger Zeit und beliebig oft von neuem zu Gehör gebracht werden kann. Beim Rundfunk dagegen kehrt die einmal ans Ohr des Empfängers übermittelte Stimme nicht wieder, und sie hinterläßt keine körperliche Spur. Daß im vorliegenden Falle Vorrichtungen angebracht gewesen seien, die eine Festlegung, namentlich zu späterer Wiederholung, bezweckt und erreicht hätten, ist nach dem unstreitigen Sachvortrage nicht anzunehmen.

3. Ob die Merkmale öffentlicher „Aufführung" — vom Berufungsgericht bejaht — nach den besonderen Umständen des vorliegenden Falls gegeben seien (§ 11 Abs. 2 UrhG.), kann, da schon die gewerbliche Verbreitung das Klagverlangen rechtfertigt, unerörtert bleiben.

4. Der Unterlassungsanspruch wird nach ständiger Gesetzesauslegung durch die dargelegte Verletzung des Urheberrechtes begründet. (RGZ. Bd. 102 S. 134—143 [142]).

Anhang II.

Auszug aus der Entscheidung des Obersten Gerichtshofes der Republik Österreich vom 28. November 1927, C X 2690/26.

Die zu entscheidende Frage geht dahin, ob die ohne Zustimmung des Urhebers oder seiner Rechtsnehmer mittels Funkspruch erfolgte Übermittlung des Inhaltes eines bereits erschienenen literarischen Werkes, als Eingriff in das Urheberrecht anzusehen ist, und damit einen zivilrechtlichen verfolgbaren Anspruch nach § 53 UrhRechtsG. begründet. . . . .

Das Urheberrechtsgesetz vom 26. Dezember 1895, RGBl. 197, in der Fassung der Vollzugsanweisung des Staatssekretärs für Justiz vom 31. August 1920, RGBl. Nr. 417, vermeidet es, eine Definition des Urheberrechtsbegriffes zu geben und überläßt deren Feststellung der Wissenschaft. In welchem Umfange sich dieses Recht auswirkt, kann daher nicht aus einer allgemeinen Begriffsfeststellung abgeleitet werden, muß vielmehr aus dem im Gesetz enthaltenen Einzelbestimmungen entnommen werden, dies um so mehr, als es sich um einen Rechtskreis handelt, der nach Zeit und Ort eine verschiedene Beurteilung und rechtliche Behandlung erfahren hat. Mag als Postulat der Wissenschaft auch der Satz aufgestellt werden, daß das Urheberrecht als Ausfluß eines einheitlichen Beherrschungswillens des Schöpfers eines Werkes einen dem Eigentum gleichen Rechtsschutz genießen soll, mag auch das Urheberrecht als ein Immaterialgüterrecht angesehen werden, das sich nicht nur als Reflex strafrechtlicher Normen gegen einen unbefugten Eingriff darstellt, so zeigt doch die Gesetzgebung verschiedener Zeiten und verschiedener Rechtsgebiete, daß dieser Forderung noch keineswegs in dem angestrebten Ausmaße voll und ganz entsprochen worden ist. Eine Gleichstellung des Urheberrechtsschutzes mit dem Eigentumsschutz ist insbesonders auch auf dem Gebiete des österreichischen Rechtes bisher nicht zu erblicken. Kann auch der Standpunkt abgelehnt werden, daß der Urheberrechtsschutz sich lediglich als Ausfluß eines Privilegs oder Monopols darstellt, so zeigen doch die Bestimmungen des Gesetzes selbst, wie auch die in den Materialien hierzu niedergelegte Absicht des Gesetzgebers, daß der Umfang der dem Urheber gegebenen Befugnisse und sein Rechtsschutz ein weitaus anderer ist, als der des Eigentümers, mag auch dessen Befugnis Einschränkungen des Gesetzes unterliegen.

Zutreffend verweist das Berufungsgericht darauf, daß der Umfang des Urheberrechtes in den Bestimmungen der §§ 23, 28, 32 und 35 UrhGes. eine erschöpfende Feststellung gefunden hat, indem dort taxativ angegeben wird, welche Berechtigungen dem Schöpfer der einzelnen Arten der unter Urheberrechtsschutz stehenden Werke zustehen. Andererseits wird im § 21 URG. festgestellt, daß derjenige, der ohne Zustimmung des Urhebers, seines Rechtsnachfolgers oder des zur Wahrnehmung der Rechte des Urhebers Berechtigten, eine durch das gegenwärtige Gesetz dem Urheber ausschließlich vorbehaltene Verfügung über das Werk trifft, einen Eingriff begeht und nach Maßgabe der bestehenden allgemeinen und der in diesem Gesetz enthaltenen besonderen Bestimmungen verantwortlich ist. Nur für den Fall schuldhaften Eingriffes im Sinne des § 21 kann aber der Urheber nach § 53 URG. Entschädigung begehren. Danach wird dem Schöpfer eines urheberrechtlich geschützten Werkes zwar ein absoluter, gegen jeden Dritten verfolgbarer Anspruch gegeben, allein der Umfang des gewährten Schutzes wird im Gesetze begrenzt und auf jene Fälle beschränkt, die darin ausdrücklich angeführt sind. Mag auch durch die Entwicklung, die die Technik genommen hat, sich das Bedürfnis nach einer Erweiterung des Schutzes, sei es einer neuen Art des Erzeugnisses, sei es gegen neue Möglichkeiten eines Eingriffes ergeben, so muß doch, sofern nicht eine unzweideutige Auslegung es gestattet, bestehende Normen darauf anzuwenden, die Neuregelung der Gesetzgebung überlassen werden.

Gegenüber der unzweideutigen Sprache des Gesetzes kann jedoch nicht zur Ausfüllung allenfalls als bestehend empfundener Lücken durch freie Rechtsfindung im Sinne des § 7 ABGB. geschritten werden. Dies wird auch gestützt durch die Entstehungsgeschichte des Gesetzes. Der Bericht des Urheberrechtsschutzausschusses (Beilage 1327 zu den stenographischen Protokollen des Abgeordnetenhauses, XI. Session 1895) hebt hervor, daß gerade den verschiedenen Lehrmeinungen gegenüber die prinzipiellen Grundlagen des Wesens des Urheberrechts in dem zu schaffenden Gesetz zum Ausdruck kommen sollten. Zwar sollte damit ein ausschließendes Verfügungsrecht des Schöpfers geschaffen werden, dessen Inhalt jedoch durch den Zweck bestimmt ist, Schutz der Interessen des Urhebers an seinem geistigen Produkt unter gleichzeitiger Berücksichtigung der Interessen der Allgemeinheit zu gewähren, für deren kulturelle Bedürfnisse Werke der Literatur und Kunst geschaffen werden. Der Bericht anerkennt das zunächst ideelle Interesse des Klägers auf Schutzgewährung als berechtigt, ebenso auch dessen Interesse an der Erzielung eines materiellen Lohnes für die geistige Arbeit, doch zum Schutze dieses Interesses soll das Recht der ausschließlichen Verfügung nur insofern zustehen, als es nicht mit den Interessen der Allgemeinheit in Widerstreit gerät.

Auch Kohler, gewiß einer der hervorragendsten Verfechter einer weitgehenden Verfügungsgewalt des Urhebers, kommt zu dem Ergebnis, daß der Schutzanspruch nicht den Umfang beanspruchen kann wie das Eigentum und deshalb auch zeitlich begrenzt sei, weil diese Güter einen so weitgehenden Individualismus nicht ertragen und mit der Zeit entweder untergehen, das heißt wertlos werden, oder in das Fleisch und Blut der beteiligten Kreise eindringen und Elemente des allgemeinen Kulturlebens werden. Das sei nicht Zufälligkeit, das sei eben ihr Zweck, ihre Bestimmung. „Die geistigen Errungenschaften des einzelnen sollen Gemeingut aller werden, die Schöpfungen des einzelnen sollen sich wie ein Strom im Ozean des allgemeinen Kulturlebens vereinigen und verlieren." (Kohler, Das Autorrecht, in Jherings Jahrbüchern für Dogmatik, XVII, S. 173.) Daher kommt Kohler auch zu dem Ergebnis (S. 337), daß der Inhalt des Autorrechtes zwar in dem exklusiven Recht der Verwertung des wirtschaftlichen Gutes besteht, allein mit der Beschränkung, soweit die Rechtsordnung eine exklusive Verwertung eines einzelnen zuläßt. Daraus geht aber hervor, daß ein Schutz außerhalb der im Gesetze gezogenen Grenzen nicht gewährt werden soll, daß daher die darin erfolgten Aufzählungen als taxative, nicht bloß beispielsweise anzusehen sind. Die Fragen, die sich infolge neuer technischer Entwicklungen (Kinematographie, Grammophon, Phonograph) ergeben, sind auch im Gebiete des österreichischen Rechtes nicht durch die Rechtsprechung allein, sondern durch Akte der Gesetzgebung geregelt worden. Hinsichtlich des Rundfunks ist eine solche Regelung bisher unterblieben. Es fehlt auch an einer Bestimmung, die dem § 21 des tschechoslowakischen Gesetzes vom 24. November 1926 SLG. 218 entspräche, wonach nur ein bisher nicht herausgegebenes Werk der Literatur gegen öffentlichen Vortrag und gegen die Verbreitung im Rundfunk geschützt wird.

Die an die Spitze gestellte Frage, ist demnach lediglich dahin zu prüfen, ob die Wiedergabe eines Werkes der Literatur durch den Rundfunk ohne Zustimmung des Urhebers oder seiner Rechtsnehmer nach dem Standpunkt des positiven Rechtes zulässig ist oder sich als Eingriff darstellt. Das Urheberrecht an Werken der Literatur umfaßt nach § 23 URG. das ausschließliche Recht, das Werk zu veröffentlichen, zu vervielfältigen, zu vertreiben, zu übersetzen, zur mechanischen Wiedergabe für das Gehör oder zur Darstellung des Inhaltes durch die Kinematographie zu verwerten, ferner, solange das Werk noch nicht erschienen ist, es öffentlich vorzutragen.

Das Werk, dessen Wiedergabe im Rundfunk Anlaß zur Klage gegeben hat, ist unbestritten bereits vor vielen Jahren dadurch veröffentlicht worden, daß es im Buchhandel erschienen ist. Die Wiedergabe im Rundfunk kann daher als Veröffentlichung nicht in Frage kommen, weil eine solche begrifflich nur einmal stattfinden kann und vollzogen ist, sobald das Werk einmal der Öffentlichkeit zugänglich gemacht worden ist (zu vergleichen die Beilage zum stenographischen Protokoll der konstituierenden Nationalversammlung 1920, 5. Bd., Beilage 855). Aber auch eine Vervielfältigung kann nicht angenommen werden. Eine solche setzt voraus, daß Dauerschöpfungen hervorgebracht werden, die es erlauben, den Inhalt des Werkes beliebig unabhängig von Zeit und Ort sinnfällig zu machen. Hierzu kann jedoch das gesprochene Wort, das nicht durch Schrift oder andere technische Mittel festgehalten wurde, nicht hinreichen. Wollte man eine andere Auslegung zulassen, so stünde dies im Widerspruch mit der gesetzlichen Bestimmung, die den Vortrag eines bereits erschienenen Werkes der Literatur freigibt. Auch in diesem Falle wird der Inhalt des Werkes einer Mehrzahl von Personen sinnfällig gemacht, wie dies auch beispielsweise durch die Drucklegung und den Vertrieb eines Werkes ermöglicht wird, allein eine Vervielfältigung kann im Zugehörbringen nicht erblickt werden. In welchem Ausmaße eine Vervielfältigung stattfindet, ob dadurch das Werk einem größeren oder kleineren Personenkreis zugänglich gemacht wird, ist dem Gesetz zufolge nicht maßgebend. Daher kann aber auch nicht deswegen, weil durch Rundfunk eine besonders große Zahl von Personen zur Kenntnis des Werkes gelangt, gesagt werden, daß infolge dieser größeren Verbreitung des Werkes der Vorgang als Vervielfältigung anzusehen sei, wie dies die Revision behauptet.

Das gesprochene Wort vergeht, und kann nicht reproduziert werden, es sei denn, daß dafür besondere Vorkehrungen bestehen. Nur für diesen Fall aber hat das Gesetz in seiner jetzt bestehenden Form Verfügung getroffen, indem es auch die mechanische Wiedergabe für das Gehör von der Zustimmung des Berechtigten abhängig macht. Wenn aber das Gesetz von mechanischer Wiedergabe durch das Gehör spricht, so versteht es darunter nur solche Vorkehrungen, die es erlauben, jederzeit den Inhalt des Werkes wiederzugeben, nicht aber jene, die nur dazu dienen, den Inhalt eines Vortrages z. Zt. als er abgehalten wird, durch technische Mittel über jenen Raum hinaus hörbar zu machen, wo er abgehalten wird. Dies muß gegenüber der Revision betont werden, die den Funkspruch dieser gesetzlichen Bestimmung unterstellen will. Auch hier kann auf die Regierungsmotive zur Novelle vom Jahre 1920 hingewiesen werden, die mit aller Deutlichkeit ergeben, daß nur an solche Art von mechanischer Wiedergabe durch das Gehör gedacht wurde, die eine bleibende Möglichkeit der Reproduktion des Werkes erlaubt. Dies zeigt auch der im Gegensatz zum Ausdruck gelangte Grundsatz, daß die Übertragung eines Werkes der Literatur auf Vorrichtungen zur mechanischen Wiedergabe für das Gehör als Bearbeitung zu gelten hat, wenn sie durch persönlichen Vortrag bewirkt wird (§ 23 Abs. 3, § 28 Abs. 2 URG.) und daß hierfür selbständiger Urheberschutz gewährt wird. (Zu vergleichen § 4 Abs. 3, § 25 Z. 5, und die besonderen Bestimmungen des § 31 URG.) Für den Rundfunk kann daher auch diese Bestimmung nicht herangezogen werden.

Das Hauptgewicht legt die Revision darauf, daß die Wiedergabe durch Rundfunk das ausschließliche Recht des Urhebers, das Werk zu vertreiben, verletzt. Allein auch darin ist ihr nicht beizupflichten. Das Berufungsgericht hat zutreffend darauf verwiesen, daß der Begriff des Vertreibens keineswegs gleichzustellen ist dem einer gewerbsmäßigen Verbreitung im Sinne des § 11 des deutschen Urheberrechtsgesetzes. Mag mit Hinblick auf diese Bestimmung des deutschen Rechtes die Frage, ob die unbefugte Sendung durch Rundfunk einen Eingriff in das literarische Urheberrecht begründen kann, für das Gebiet des Deutschen Reiches von der Lehre und der Rechtsprechung zugunsten des Urhebers gelöst werden können, so ist doch damit für das Gebiet des österreichischen Urheberrechtes nichts gewonnen, demzufolge nicht die gewerbsmäßige Verbreitung, sondern der Vertrieb des Werkes dem Urheber vorbehalten ist. Von „Vertreiben“ kann aber, wie das Berufungsgericht in Anschluß an Seiller, Österreichisches Urheberrecht, 1927, S. 75 und Seiller, Urheberrecht im Rundspruch, ö. GZ. 1925, zutreffend ausgeführt hat, nur gesprochen werden, wenn die körperlichen Erscheinungsformen eines Gedankens oder Werkes vorliegen, deren Verbreitung erfolgen soll. Daß diese Auslegung zutrifft, ergibt auch der Wortlaut des § 6 URG. Danach gilt ein Werk als veröffentlicht, sobald es selbst oder eine Vervielfältigung (Nachbildung) rechtmäßig der Öffentlichkeit zugänglich gemacht wurde, als erschienen aber, sobald Vervielfältigungen (Nachbildungen) des Werkes rechtmäßig in Vertrieb gesetzt (herausgegeben) wurden. Die bloße Verbreitung des Inhaltes eines Werkes ohne Festhaltung des Inhaltes in einer Form, die jederzeit die Möglichkeit der Reproduktion ergibt, gilt also noch nicht als Vertreiben, da ein solches ausdrücklich mit den Vervielfältigungen (Nachbildungen) des Werkes in Verbindung gebracht wird. Eine Verbreitung des Inhaltes durch das Gehör kann demnach zwar eine Veröffentlichung herbeiführen, kann jedoch nicht dazu führen, daß von einem Vertrieb des Werkes gesprochen wird, der sich nur auf Vervielfältigungen, auf Werkexemplare beziehen kann. Daß das Gesetz in diesem Zusammenhange auch Nachbildungen nennt, ist aber damit zu erklären, daß sich die Bestimmung nicht auf ein Werk der Literatur, sondern auf durch das Urheberrecht geschützte Werke überhaupt bezieht. Auch die Bestimmungen der §§ 31 Abs. 1 und 49, Abs. 1 URG. lassen erkennen, daß das Gesetz, wenn es von „Vertreiben“ spricht, hierbei körperliche Gegenstände im Auge hat. Zutreffend hat das Berufungsgericht in Übereinstimmung mit Seiller (GerZtg. 1925) ferner darauf hingewiesen, daß gewerbsmäßiges Verbreiten und Vertreiben nicht gleichgestellt werden kann, weil, wenn man diese annehmen müßte, auch das Verleihen durch Leihbibliotheken unter den Begriff des „Vertreibens“ fallen würde, was der Absicht des Gesetzes nicht entspräche und daß, um diese Wirkung auszuschließen, im deutschen Recht für Leihbibliotheken ausdrücklich eine Ausnahme geschaffen werden mußte, was vom Standpunkte des österreichischen Rechtes nicht erforderlich war. Die durch Rundfunk einer größeren Anzahl von Hörern zugängliche Vermittlung des Inhaltes eines Literaturwerkes ist demnach nicht als „Vertreiben“ im Sinne des § 23 Abs. 1 URG. aufzufassen und verstößt nach dem damaligen Stand der Gesetzgebung nicht gegen das Urheberrecht.

Daher ist auch eine Erörterung der Frage, ob eine derartige Wiedergabe durch Rundfunk als Vortrag anzusehen ist oder nicht, für die Entscheidung ohne Belang. Denn auch dann, wenn diese Frage — nach Ansicht des Revisionsgerichtes mit Unrecht — verneint würde, läge dem Ausgeführten zufolge doch ein Eingriff im Sinne des § 21 URG. nicht vor.

Verzeichnis des benutzten Schrifttums.

1. Bücher.

Allfeld, Prof. Dr. Ph., Kommentar zu den Gesetzen vom 19. Juni 1901 betreffend das Urheberrecht an Werken der Literatur und der Tonkunst und über das Verlagsrecht. München 1902. Mit Nachtrag.

Allfeld, Prof. Dr. Ph., Urheber und Erfinderrecht in Enzyklopädie der Rechts- und Staatswissenschaft. Berlin 1923.

Allfeld, Prof. Dr. Ph., Grundriß des gewerblichen Rechtsschutzes. Leipzig 1910.

Birkmeyer, Dr. K., Die Reform des Urheberrechtes. München 1900.

Bredow, Dr. e. h. H., Vier Jahre deutscher Rundfunk. Herausgegeben von der Reichs-Rundfunk-Gesellschaft m. b. H. Berlin 1927.

Calker, D. F. v., Kritische Bemerkungen zu dem Entwurf eines Gesetzes betr. das Urheberrecht. Halle a. S. 1900.

Crome, Prof. Dr. C., System des deutschen bürgerlichen Rechtes, IV. Band, Immaterialgüterrechte. Tübingen 1908.

Dambach, Prof. Dr. O., Das Gesetz über das Postwesen des Deutschen Reichs vom 28. Oktober 1871. Herausgegeben von Dr. E. Grimm. Berlin 1901.

Elster, Dr. jur. A., Das deutsche Urheber- und Verlagsrecht. Berlin 1923.

Gareis, Dr. K. v., Rechtsenzyklopädie und Methodologie als Einleitung in die Rechtswissenschaft, 5. Aufl. mit Zusätzen von Prof. Dr. L. Wenger. Gießen 1920.

Goldbaum, Dr. W., Urheberrecht und Verlagsrecht. Berlin 1922.

Kirchberger, Dr. H., Urheber- und Verlagsrecht (Textausgabe). München und Berlin 1911.

Klostermann, R., Das geistige Eigentum an Schriften, Kunstwerken und Erfindungen nach preußischem und internationalem Rechte. Berlin 1867.

Kohler, Prof. Dr. J., Das Autorrecht, eine zivilistische Abhandlung, zugleich ein Beitrag zur Lehre vom Eigenthum, vom Miteigenthum, vom Rechtsgeschäft und vom Individualrecht. Erschienen in Iherings „Jahrbücher für die Dogmatik des heutigen römischen und deutschen Privatrechts". Jena 1879.

Kohler, Prof. Dr. J., Urheberrecht an Schriftwerken und Verlagsrecht. Stuttgart 1907.

Kuhlenbeck, Dr. jur. L., Das Urheberrecht (Autorrecht) an Werken der Literatur und Tonkunst. Leipzig 1901.

Lindemann, O., Gesetz, betreffend das Urheberrecht an Werken der Literatur und der Tonkunst, vom 19. Juni 1901 (in der Fassung des Gesetzes vom 22. Mai 1910) nebst der revidierten Berner Übereinkunft vom 13. November 1908. 4. Aufl. Berlin und Leipzig 1921.

Mandry, Prof. G., Gesetz vom 28. Juni 1865 zum Schutze der Urheberrechte an literarischen Erzeugnissen und Werken der Kunst. Aus: Die Gesetzgebung des Königreichs Bayern seit Maximilian II. mit Erläuterungen. Herausgegeben von Dr. C. F. v. Dohlmann, I. Teil, 5. Bd. Erlangen 1863.

Müller, Dr. E., Das deutsche Urheber- und Verlagsrecht, 2 Bände. München 1901.

Neugebauer, Dr. E., Funkrecht, 2. Aufl. Berlin 1926.

Osterrieth, Prof. Dr. A., Das Urheberrecht an Werken der bildenden Künste und der Photographie. Gesetz vom 9. Januar 1907. Berlin 1907.

Praesent, Dr. H., Bibliographie des Funkrechts, Teil I. Deutschsprachige Literatur. Leipzig 1926.

Reiche, Dr. jur. E., Funkrecht. Das Recht des Rundfunks. Berlin 1925.

Reininger, Dr.-Ing. G., Der deutsche Funkverkehr. Sammlung „Lebende Bücher", herausgegeben von Adalbert Deckert. Wittenberg 1926.

Riezler, Prof. Dr. E., Deutsches Urheber- und Erfinderrecht. München und Berlin 1909.

Röthlisberger, Dr. jur. E., Der interne und internationale Schutz des Urheberrechts in den Ländern des Erdballs. Leipzig 1914.

Voigtländer, R., Die Gesetze, betreffend das Urheberrecht und das Verlagsrecht an Werken der Literatur und der Tonkunst, vom 19. Juni 1901. Leipzig 1901.

Wächter, Dr. O., Das Autorrecht nach dem gemeinen deutschen Recht systematisch dargestellt. Stuttgart 1875.

2. Zeitschriften und Zeitungen.

Archiv für Funkrecht, herausgegeben im Auftrage der Deutschen Studiengesellschaft für Funkrecht und der Reichs-Rundfunk-Gesellschaft m. b. H. von Dr. W. Hoffmann. 1. Bd., Hefte 1, 2 und 3, Berlin 1928.

Der geistige Arbeiter, deutsche Urheberzeitung. Berlin 1925 und 1926.

Der schaffende Musiker, Mitteilungen der Genossenschaft deutscher Tonsetzer. Berlin 1927.

Der Schriftsteller, Zeitschrift des Schutzverbandes deutscher Schriftsteller E.V. Berlin 1928.

Deutsche Allgemeine Zeitung. Berlin 1928.

Deutsche Juristenzeitung. Berlin 1926 und 1927.

Die Rechtsprechung, herausgegeben vom Bankenverband. Wien 1927.

Funk, die Wochenschrift des Funkwesens. Verlag Weidmannsche Verlagsbuchhandlung und J. Springer. Berlin 1926, 1927 und 1928.

Gema-Nachrichten. Berlin, Mai 1928.

Gerichts-Zeitung. Wien 1925.

Gewerblicher Rechtsschutz und Urheberrecht, Zeitschrift des deutschen Vereins für den Schutz des gewerblichen Eigentums. Verlag Chemie G. m. b. H. Leipzig-Berlin 1921, 1922, 1925 und 1926.

Juristische Wochenschrift. Berlin 1925 und 1926.

Le Droit d'Auteur, Organe officiel du Bureau de l'Union Internationale pour la protection des oeuvres littéraires et artistiques. Berne 1921, 1924, 1925, 1928.

Mitteilungen der Deutschen Studiengesellschaft für Funkrecht. Leipzig 1926.

Mitteilung der Vereinigung der Bühnenverleger an ihre Mitglieder. Berlin 1928.

Radio News. New-York 1926, 1927 und 1928.

Revue Juridique Internationale de la Radioéléctricité. Paris 1926,

3. Sonstiges Material.

Reichstagsdrucksachen Nr. 97, 214, 232/233, 236/240, 241/242, 245, 248, 249, 251, 253, 255, 259, 267, 282/284, 285/286, 287, 289, 291, 292/293, 300, 10. Legislaturperiode, II. Session, 1900/1901.

Nr. 341, 447, 448, 458, 459, 12. Legislatur-Periode, II. Session, 1909/1910.

Stenographische Berichte S. 2211—2271, S. 2423—2455, S. 2457 bis 2487, S. 2489—2514, Jahr 1901.

Stenographische Berichte S. 2277—2305, S. 2841—2877, Jahr 1910.

Sammlung sämtlicher Drucksachen des Reichstages des Norddeutschen Bundes im Jahre 1870, Band II, Nr. 7. Gedruckt bei Julius Sittenfeld. Berlin 1870.

Urteil des Obersten Gerichtshofes der Republik Österreich vom 28. November 1927, Akt-Z. C. X. 2690/26 (Abschrift).

Urteil des Reichsgerichts vom 12. Mai 1928, Akt.-Z. I. 287/1925 (Abschrift) und I. 422/1925 (Abschrift).

FSC
www.fsc.org
MIX
Papier | Fördert gute Waldnutzung
FSC® C083411

Kolibri 360 GmbH
Ferdinand-Jühlke-Straße 7
99095 Erfurt, Deutschland
produktsicherheit@kolibri360.de